JN321183

敬語マスター

まずは三つの基本これだけ

蒲谷宏 著

大修館書店

はじめに

この本は、〈敬語が必要だと感じ、敬語を上手に使いたいけれども、きちんとした知識がなく、不適切な使い方になってしまうことが心配で、なかなか思うようにはいかない〉という人たちに向けて、適切な「敬語」にするための基礎的な知識を整理し、実際に敬語が使いこなせるようになるための具体的な方法を示すものです。

この本では、敬語に関するこれまでの研究成果を踏まえ、それについても触れてはいますが、あくまでも現実の敬語表現に役立つものとなることを主眼としています。そのため、敬語の体系的な知識や敬語の細かな用法について記述するのではなく、実際の表現にとって重要な、核となる知識・情報に焦点を絞って説明することにしました。まず、それらをしっかりと学ぶことが、敬語を使って適切にコミュニケーションすることにつながるといえるからです。

敬語には、いろいろな形、いろいろな性質、いろいろな働きがあります。しかし、それらをすべて覚えなくては敬語が使えないというわけではなく、必要なところで必要な敬語にすることで、徐々に敬語が使いこなせるようになるのです。

この本で用いる方法は、敬語ではない普通の言葉をどのようにして敬語に言い換えればよいのかを示す、というものです。普通の言葉を敬語にすることを「敬語化」と呼ぶことにしますが、その際、敬語を三つの観点から整理して説明します。一つ目は「高くする敬語」、二つ目は「改まりを示す敬語」、そして三つ目は「恩恵を表す敬語」です。敬語を使いこなすためには、これらの敬語についての理解を深めること、実際の場面においてこれらの敬語を使って敬語化をしてみることが大切です。この三つのタイプの敬語が上手に使えるようになれば、敬語に関してはほぼマスターできたことになります。

この本は、〈敬語は使っているけれど、自信をもって使えているわけではない〉という人たちの再整理のためにも、そして〈敬語をどのように教えればよいのか考えている〉という人たちにも、ぜひ活用してほしいと思っています。

もくじ

第Ⅰ部 基礎編

それでは、まず基礎編として、三つの観点からの敬語、すなわち、

1、「高くする敬語」
2、「改まりを示す敬語」
3、「恩恵を表す敬語」

の基本的な点を確認し、それぞれの敬語化について見ていくことにしましょう。

第一章　高くする敬語

まずは、「高くする敬語」について見ていきましょう。

「高くする敬語」というのは、「相手や話題の人物を高める」という働きをする敬語のことです。例えば、「いらっしゃる」という敬語が挙げられます。「いらっしゃる」は「高くする」という性質を持っている敬語なので、「あなたがいらっしゃる」のであれば、「あなた」を高め、「彼がいらっしゃる」のであれば「彼」を高める働きをするわけです。もちろん、「私がいらっしゃる」としたのでは、「私」を高めることになってしまうので敬語表現としては不適切になる、というわけです。

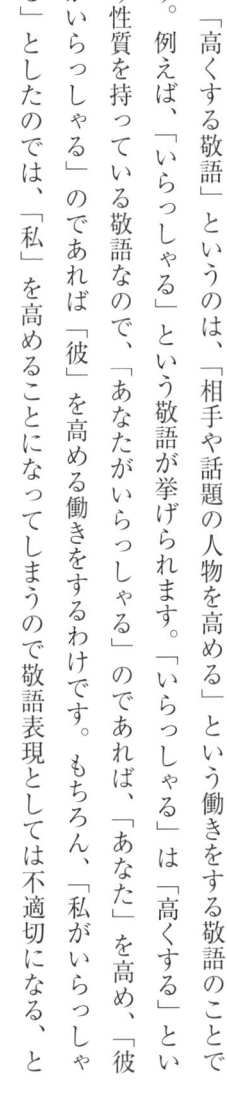

「高くする敬語」は、いかにも敬語らしい性質を持ち、敬語らしい働きをする敬語です。その意味では、使い方もそれほど難しいものではありません。ただし、少し詳しく見ていくと、「高くする敬語」には、大きく二つのタイプがあることに気づきます。

高くする敬語⑴…「相手や話題の人物」の動作などに用いることで、直接的に「相手や話題の人物」を高めるタイプの敬語（例えば、「（あなたが）**おっしゃる**」「（彼が）**お会いになる**」など）

高くする敬語⑵…「自分」の動作などに用いることで、間接的に「相手や話題の人物」を高めるタイプの敬語（例えば、「（私があなたに）**申し上げる**」「（私が彼に）**お会いする**」など）

すでに敬語に関する知識を持っている人に対しては、「高くする敬語⑴」＝いわゆる「尊敬語」、「高くする敬語⑵」＝いわゆる「謙譲語」、と説明したほうがわかりやすいでしょう。ただし、尊敬語が「高くする敬語」であることは納得できても、謙譲語については、〈高くする敬語？

謙譲語は自分を低くする敬語じゃないの?〉と疑問に思うかもしれません。もちろん、謙譲語は、「自分を高くしない」という性質もあるので、その点では尊敬語とは大きく異なる敬語です。しかし、この本では、謙譲語の持つ、間接的に「相手や話題の人物」を高めるという働きを重視します。尊敬語も謙譲語もともに「高くする敬語」とすることで、敬語の使い方をわかりやすくしたいということがねらいです。

「高くする」?

「高くする」という言い方が気になる人もいるかもしれません。この「高くする」というのは、あくまでも敬語を説明するための用語であって、上下関係を強調したいわけではありません。「ある人を高く待遇する」というのは、「その人のことを尊重する」というほうがふさわしいのですが、尊重するという気持ちは敬語表現全体に関わるものなので、まぎらわしくなることを避けるために、敬語の基本的な性質を表す用語として「高くする」を使うことにします。

「自分」を「低くする」のか、「高くしない」のか？

従来、「自分を低くする敬語が謙譲語である」というような説明がされてきたかと思います。しかし、私は、いわゆる謙譲語について、「自分を低くする敬語」とは捉えず、「自分を高くしない敬語」というように説明しています。「どっちにしても同じことじゃないの？」と思われるかもしれませんが、「低くする」のと「高くしない」のとでは、意味もニュアンスも大きく異なります。敬語の中には、「**拙著**《せっちょ》」（私が書いた拙い著作）や「**弊社**《へいしゃ》」（私の所属する大したことのない会社）など、積極的に「自分を低くする」という性質を持つタイプの敬語もあり、状況によっては、そうした敬語を使うことによって謙遜の気持ちを表すこともできるでしょう。しかし、いくら謙遜の表現だからといって、「自分を低くする」という認識を持つことは、何やら自らを卑下しているようで、現代の敬語の使い方として適当であるとは思えません。特に、日本語を母語としない人で、敬語のない言語を母語とする人にとっては、「自分を低くする」ような言葉は使いたくない、という拒否反応を生むことにもつながってしまいます。そうしたことも踏まえ、「高くしない」という言い方にしているわけです。

1-1 高くする敬語(1)

それでは、さっそく「高くする敬語(1)」について見ていきましょう。敬語ではない普通の言葉から「高くする敬語(1)」への敬語化をマスターするために、まずは簡単な例で説明します。

例えば、「自分」＝社員で、「相手」＝上司である部長に対して、「部長も行く（か）？」と尋ねたい場合には、部長は高める必要のある人なので、普通の言葉である「行く」のところを敬語化します。基本的には、高める必要のある相手に対しては「です・ます」を使うので、「行くか」は「行きますか」となります。さらに「行く」を敬語化すると、「高くする敬語(1)」としては「いらっしゃる」「行かれる」「お出でになる」などが候補として挙げられるので、それらを用いて「いらっしゃいますか」「行かれますか」「お出でになりますか」などと敬語化することになります。よく使われる「いらっしゃる」という敬語を用いた敬語化を整理すると、次のようになります。

部長も行く（か）？
⇩
部長も行きますか？
⇩
部長もいらっしゃいますか？

「高くする敬語(1)」は、「**いらっしゃる**」（⇧いる・行く・来る）、「**おっしゃる**」（⇧言う）などの動詞だけではなく、名詞の場合にも使います。

例えば、自分＝社員、相手＝部長で、相手である部長に対して、「これは部長の帽子（か）？」と尋ねたいときについて考えてみましょう。

「帽子」に関する「高くする敬語(1)」は、「お」をつけた「**お帽子**」となるので、次のように敬語化します。

これは部長の帽子（か）？
⇩
これは部長の帽子ですか？
⇩
これは部長のお帽子ですか？

部長の所有物である「帽子」の敬語化（⇩「お帽子」）によって、相手である部長を高めることになる、というわけです。

「高くする敬語(1)」を、「高めようとする人」を軸にして整理すると、次のようになります。

高めようとする人　例：社長
その人自身　社長⇩社長様
その人の動作　社長が言う⇩社長がおっしゃる

その人の状態　　社長がいる⇩社長がいらっしゃる
その人の関係者　社長の妻⇩社長の奥様
その人の所有物　社長の帽子⇩社長のお帽子

さらに、その人の動作を名詞として示すこともあります。例えば、「社長の**お考え**」、「社長（から）の**お誘い**」「社長（から）の**ご説明**」などがあります。これらは、「高くする敬語(1)」の使い方としてはやや高度なものになりますが、敬語化の仕組みとしては、

社長の考え⇩社長のお考え
社長（から）の誘い⇩社長（から）のお誘い
社長（から）の説明⇩社長（から）のご説明

など、普通の名詞と同じことなので、それほど難しく考える必要はないでしょう。

次に、「高くする敬語(1)」の「形」をマスターしていきましょう。

「高くする敬語⑴」の専用語形

最も簡単な形は、動詞に「〜（ら）れる」をつけていくことですが、その前に、敬語専用の語形があるものを覚えてしまいましょう。すべてに（高めようとする人が）をつけておきましたが、これは、「高くする敬語⑴」においては、「相手や話題の人物」の中で「だれが」その動作をするのか、「だれが」その状態にあるのか、ということが重要な観点になるからです。

（高めようとする人が）言う⇩おっしゃる
（高めようとする人が）行く⇩いらっしゃる
（高めようとする人が）いる⇩いらっしゃる
（高めようとする人が）来る⇩いらっしゃる
（高めようとする人が）する⇩なさる
（高めようとする人が）食べる・飲む⇩召し上がる
（高めようとする人が）見る⇩ご覧になる

このほかにも、やや上級の使い方として、「（高めようとする人が）着る⇩**召す**」、「（高めよう

（高めようとする人が）知っている⇩**ご存知だ**」などもありますが、とりあえずは、右に挙げた「高くする敬語⑴」だけで十分です。「**おっしゃる**」「**いらっしゃる**」「**召し上がる**」だけでも使えるようになれば、敬語を使っているという実感が持てるでしょう。特に「いらっしゃる」は、

考えている⇩考えていらっしゃる

のように、「〜ている」（「〜」に動詞が入る。「〜ていく・〜てくる」も同様）の「高くする敬語⑴」として「**〜ていらっしゃる**」の形があるので、相当幅広く使いこなすことができます。

「〜（ら）れる」

それでは次に、ほとんどの動詞について敬語化できる形である「**〜（ら）れる**」を見ていきます。受け身の形と誤解されるおそれもありますが、高めようとする人がいて、その人の動作であることがわかれば問題なく使えます。

（高めようとする人が）書く⇩書かれる

（高めようとする人が）聞く⇩聞かれる
（高めようとする人が）話す⇩話される
（高めようとする人が）読む⇩読まれる
（高めようとする人が）着る⇩着られる
（高めようとする人が）投げる⇩投げられる
（高めようとする人が）説明する⇩説明される

「言う、行く、いる、来る、する、食べる、飲む、見る」などは、先に見た専用語形のほうを使うとよいでしょう。ただし、「する」（「〜する」）については、「〜れる」の形である、

する⇩される
説明する⇩説明される

のほうが、「なさる」「説明なさる」よりも簡単に使うことができます。しかし、少し高度な敬語として、「お・ご～なさる」を使うこともあるので、**「なさる」**（「**～なさる**」）という敬語に慣れておくことも大切でしょう。

「お・ご～になる」「お・ご～なさる」

「～（ら）れる」と同様に、様々な動詞と組み合わせて使える敬語形式として、「**お・ご～になる**」、そして「**お・ご～なさる**」があります。

（高めようとする人が）書く⇩お書きになる
（高めようとする人が）聞く⇩お聞きになる
（高めようとする人が）話す⇩お話しになる
（高めようとする人が）読む⇩お読みになる

（高めようとする人が）着る⇩（×お着になる）⇩お召しになる
（高めようとする人が）投げる⇩お投げになる

（高めようとする人が）説明する⇩ご説明なさる

「ご説明される」？

「ご説明なさる」ではなく、「ご説明される」という形も「高くする敬語(1)」として実際にはよく使われています。ただし、この「お・ご～される」という形にはやや問題があります。それは、「ご説明される」の「ご説明さ―」の部分が「ご説明する」という「高くする敬語(2)」の形になるため、高める対象が変わってしまうからです。（「お・ご～する」については、p26を参照。）例えば、「先生が私たちにご説明される」では、「私たち」を高めてしまうことになるわけです。もちろん言葉は変化していくものなので、古い基準に拠って「これが正しい形だ」と決め付けることはできませんが、誤用と思われる危険性がある以上、「ご説明される」ではなく、「ご説明なさる」の形に慣れておくほうがよいと思います。

「お考え」・「ご説明」

名詞に、「**お・ご**」をつけることで「高くする敬語(1)」にすることができます。

(高めようとする人の)帽子⇩お帽子
(高めようとする人の)考え⇩お考え
(高めようとする人の)説明⇩ご説明
(高めようとする人の)理解⇩ご理解

ただし、「**お・ご〜**」は、「高くする敬語(1)」だけではなく、後で触れる「高くする敬語(2)」(私から高めようとする人への「ご説明」)や、「きれいにする敬語(美化語)」(高めようとする人の帽子ではなく、お店にある帽子を指して「お帽子」と言う場合の敬語。ほかに「お天気」「ご褒美」など)にもなるため、「だれが、だれに、だれの」という人間関係をよく見ながら使うことが大切です。

なお、ここまで「高めようとする人」と示してきましたが、「人」という語を「高くする敬語

(1)」で敬語化すると、「**方**」になります。「人々」は「**方々**」、「先生たち」は「**先生方**」などと敬語化できます。

「お帽子」はいつも「高くする敬語」？

例えば、「(部長の)**お帽子**」は「部長の帽子」なので、「部長」を高めるために用いた「高くする敬語(1)」だと言えますが、帽子屋さんにある帽子を見て、自分の連れに向かって「たくさんお帽子がありますね。」などと表現したときの「お帽子」は、特に所有者（ここでは帽子屋さん）を高めるつもりがなければ、高くする敬語ではなく、言葉遣いをきれいにするための敬語だといえます。相手が子供であれば、子供に向けた親愛の言葉だといえるでしょう。こうした言葉は「美化語」や「親愛語」などと呼ばれますが、見た目の形は同じであっても、「高くする敬語」とは区別して扱う必要があります。よく、「お」をつけすぎるのは変だというような批判がありますが、その多くは「美化語」の場合です。「高くする敬語」としての「お・ご〜」は、高める人がいる場合には使う必要がある敬語であって、使わないとむしろ敬語が足りない印象を与えることになってしまいます。それらを区別する大きな決め手は、「高めようとする人」の存在があるかどうかということです。

「御社」・「玉稿」

以上挙げてきた「高くする敬語(1)」以外に、「**御社**《おんしゃ》」(あなたの所属される会社)、「**玉稿**《ぎょっこう》」(あなたがお書きになった原稿)、「**貴校**」(あなたの所属される学校)などといった、専ら相手を高めるタイプの敬語もあります。

これらは、面接や手紙、仕事上のやりとりなどで用いる敬語で、日常的な会話で用いるものではありませんが、いずれも相手を「高くする」敬語です。

「高くする敬語(1)」への敬語化チェック

それでは最後に、これまでの復習として、以下の表現を「高くする敬語(1)」を用いた敬語表現にしてみてください。

(1)「社長も行きますか。」

⇩

(2)「部長も来ますか。」

⇩

【解答例】

(1) 社長も［いらっしゃい／行かれ／お出でになり］ますか。

(2) 部長も［いらっしゃい／お見えになり／来られ］ますか。

(3)「社長が言うとおりです。」

⇩

(4)「部長が説明するんですか。」

⇩

(5)「これはもう食べましたか。」

⇩

(3)社長がおっしゃるとおりです。
(4)部長が［説明される／説明なさる／ご説明なさる］ん（の）ですか。
(5)これはもう召し上がりましたか。

(6)「あの絵はもう見ましたか。」

↓

(7)「社長の奥さんも来るそうですよ。」

↓

(8)「部長の考えが知りたいのですが。」

↓

(6)あの絵はもうご覧になりましたか。
(7)社長の奥様も［いらっしゃる／お見えになる／来られる］そうですよ。
(8)部長のお考えが知りたいのですが。

1－2 高くする敬語(2)

次に「高くする敬語(2)」について見ていきましょう。

「高くする敬語(1)」が「高めようとする人」に直接関わる敬語であるのに対し、「高くする敬語(2)」は、「自分あるいは自分側の人物」の動作に用いて、間接的に「高めようとする人」に関わっていく敬語である点で、やや使いにくい敬語になるといえるかもしれません。しかし、基本的な働きを理解すれば、難しくはありません。

例えば、自分＝部下、相手＝部長という人間関係で、「その件は、昨日（私が部長に）言った。」ということを話そうとした場合の敬語化は、次のようになります。

その件は、昨日（私が部長に）言った。

⇩

その件は、昨日（私が部長に）言いました。
⇩
その件は、昨日（私が部長に）申し上げました。

「私が部長に言う」と表現するときには、部長を高めるための形として、「高くする敬語(1)」の「おっしゃる」を選ぶことはできません。そのときには、「言う」の「高くする敬語(2)」である「**申し上げる**」を使って敬語化するわけです。（なお後に触れますが、「申し上げる」と形の似た敬語である「申す」は、「高くする敬語」ではなく「改まりを示す敬語」です。）

このほかにも、

「その件は、昨日、（私が部長に）報告した／連絡した／相談した。」

であれば、それぞれ、

「その件は、昨日、（私が部長に）**ご報告しました**／**ご連絡しました**／**ご相談しました**。」

などと敬語化します。

「課長は社長に申し上げましたか」？

「高くする敬語⑵」は、「自分あるいは自分側の人物」の動作に用いる敬語で、「自分あるいは自分側の人物を高くしない」という性質があります。例えば、「自分」＝社員、相手＝課長、話題の人物＝社長、という関係のとき、「その件は、昨日、(私が)社長に**申し上げました。**」が成り立つことは明らかですが、上司である課長に対して「(課長は)社長に申し上げましたか。」と表現したのでは、やや疑問のある敬語の使い方になってしまいます。目の前にいる相手が上司である以上、課長を優先的に高める必要があるので、「高くする敬語⑵」を使った「課長は社長に申し上げましたか。」ではなく、「高くする敬語⑴」を用いた「課長は社長に**おっしゃいましたか。**」を選ぶほうがよいことになるわけです。

「私が社長に申し上げた」と同様に「課長が社長に申し上げた」が成り立つためには、課長が明らかに「自分側の人物である」という前提があるかどうかによって決まってきます。例えば、「自分」＝社員、相手＝社長、話題の人物＝課長、という関係のときであれば、自分の直接の上司である課長が自分側の人物であるという認識も成り立つので、「(課長は)社長に**申し上げましたか。**」のように課長を高くしない敬語を選ぶことができるということです。話がやや複雑になってきましたが、基本的には、「高めようとする人物」に対する「自分や自分側の人物」の動作に「高くする敬語⑵」を使うことで、適切な敬語表現になる、ということです。

「高くする敬語(2)」の専用語形

「高くする敬語(2)」の専用語形としては、次のようなものがあります。

(高めようとする人に) 尋ねる ⇩ 伺う
(高めようとする人のところを) 訪ねる ⇩ 伺う
(高めようとする人に) 言う ⇩ 申し上げる
(高めようとする人のものを) 見る ⇩ 拝見する
(高めようとする人の話を) 聞く ⇩ 拝聴する

このほかにも、

(高めようとする人に) 会う ⇩ お目にかかる
(高めようとする人に) 聞かせる ⇩ お耳に入れる
(高めようとする人から与えられたものを) 食べる・飲む・もらう ⇩ 頂戴する
(高めようとする人に) 見せる ⇩ お目にかける・ご覧に入れる

（高めようとする人の書いたものを）読む⇩拝読する
（高めようとする人から）借りる⇩拝借する

などがありますが、すべてを使いこなすには時間がかかるので、まずはこうした敬語が「高くする敬語⑵」であることを理解しておけばよいでしょう。

「お・ご〜する」「お・ご〜申し上げる」

「高くする敬語⑵」を作る、様々な動詞と組み合わせて使える敬語形式として、「**お・ご〜する**」があります。次にそれを見ていきましょう。なお、「**お・ご〜申し上げる**」は「お・ご〜する」と基本的な性質は同じで、「お・ご〜する」よりも「高くする」性質の程度が高い「高くする敬語⑵」です。日常的には、「**お願い申し上げます**」「**お祈り申し上げます**」などといった表現で使います。

「朝ごはんをお食べしました」？

「お・ご〜する」という敬語形式を用いる際の留意点として、「〜」に入る自分の動作が高めようとする人に関わるかどうか、という点があります。高めようとする人に関わらない場合には、いくら自分の動作だからといっても「お・ご〜する」を使うことができません。例えば、「朝ごはんをお食べしました。」「3時にはご出発します。」などとは言えないわけです。すべての例に「高めようとする人」がつけてあるのは、そうした趣旨なのです。

ただし、例えば、「私が荷物を持つ」は、本来自分だけで完結する動作ではあるのですが、「私が（あなたの）荷物を持つ」⇩「私が（あなたの）お荷物を**お持ちする**」の場合、「高めようとする人（ここでは「あなた」）」のお荷物（「お荷物」は「高くする敬語(1)」）を持つのであれば、「高めようとする人（あなた）」との関わりが出てくるので「お〜する」を使うことができます。「（私が、あなたのために、あなたの）お荷物をお持ちする」ということになるわけです。

（高めようとする人と）会う⇩お会いする
（高めようとする人から）借りる⇩お借りする
（高めようとする人に）聞く・尋ねる⇩お聞きする・お尋ねする
（高めようとする人に）聞かせる・見せる⇩お聞かせする・お見せする

「高くする敬語⑵」では、自分（や自分側の人物）の動作を表す言葉を「お・ご〜する」（あるいは「お・ご〜申し上げる」）によって敬語化し、その動作が及ぶ人を高めるということが要点になります。

「お届け」・「ご報告」

次に、名詞に関する「高くする敬語⑵」についてみていきましょう。

例えば、「**お勧め**」「**お届け**」「**ご報告**」「**ご連絡**」「**ご相談**」などは、「勧める、届ける、報告する、連絡する、相談する」という動作が、高めようとする人に向けられた自分の動作であれば、すべて「高くする敬語(2)」となります。

「お・ご」は、自分の動作につけてはいけない？

よくある誤解なのですが、「お・ご」は敬語なのだから自分の動作につけるのは変ではないか？という疑問が出されることがあります。もちろん、「お・ご」が「相手や話題の人物」の動作や事物につけば、それは「高くする敬語(1)」となるわけですが、「お・ご」が自分の動作につく場合でも、その動作と高めようとする人との関わりがあれば、「高くする敬語(2)」として働くことになります。例えば、「お尋ねする」という敬語は、たしかに「尋ねる」のは自分の動作ですが、それは「高めようとする人に対して尋ねる」のであり、その結果としてその人を高めることになるので、自分の動作に「お」をつけてもまったく問題はないわけです。「ご説明する」も同様で、「高めようとする人に対して説明する」ときには、「(私が高めようとする人に対して) ご説明する」と言うことができます。

要するに、自分の動作であっても、それが高めようとする人と何らかの点で関係性を持つときに、「お・ご〜する」という「高くする敬語(2)」を作る形式の使用が可能になるということです。

これらについても、自分の動作に「お・ご」をつけることに対して違和感を覚える人がいそうですが、自分の動作であることがわかってさえいれば、「お勧めする」「お届けする」「ご報告する」「ご連絡する」「ご相談する」の「する」がない形であっても、それほど混乱しないでしょう。特に「ご〜」の場合には、「ご報告をする」「ご連絡をする」「ご相談をする」などと「を」を入れた使い方もできるので、「高くする敬語(2)」であると捉えやすいのではないかと思います。

なお、「お尋ねする」「ご説明する」という意味での、「(私からあなたへの) **お尋ね**」「(私からあなたへの) **ご説明**」という名詞は「高くする敬語(2)」で、「お尋ねになる」「ご説明なさる」という意味での、「(あなたから私への) **お尋ね**」「(あなたから私への) **ご説明**」という名詞は「高くする敬語(1)」となります。形は同じでも、「だれが、だれに」の関係で異なる敬語になるわけです。ただし、どちらの敬語も、高めようとする人は「あなた」であることに違いはありません。

以上、「高くする敬語(2)」について見てきました。「高くする敬語(2)」が使えるようになれば、敬語の難関を突破することになるので、ぜひ、自分の動作を表す言葉を敬語化することによって、相手や話題の人物を高くすることができる、という感覚を身につけてください。

「低くする敬語」――「弊社」・「拙稿」

「高くする敬語(2)」には、「自分を高くしない」という性質があると述べましたが、言葉の上で積極的に「自分を低くする」と考えたほうがわかりやすい敬語もあります。例えば、「弊社《へいしゃ》」（私の所属する大したことのない会社）、「拙稿《せっこう》」（私が書いた拙い原稿）、「愚息《ぐそく》」（私の馬鹿な息子）などといった敬語です。これらは、「高くする敬語(1)」である「御社」「玉稿」「令息」などと対をなす敬語ですが、そうした「高くする敬語(1)」と同様に、面接や手紙、改まった場でのやりとりなどで用いるものです。謙遜の気持ちを表す敬語ではありますが、あくまでも言葉の上で謙《へりくだ》っているだけなので、「愚息は大学4年のときに司法試験に合格しました。」などと言うと、若干嫌味な表現になるのかもしれません。

「高くする敬語⑵」への敬語化チェック

それでは、最後にこれまでの復習として、「高くする敬語⑵」を用いて敬語化してみてください。

(1)「部長、相談したいことがあるんですが。」

↓

(2)「部長、報告したいことがあるんですが。」

↓

【解答例】

(1)部長、ご相談したいことがあるのですが。

(2)部長、ご報告したいことがあるのですが。

(3)「部長、ちょっと伝えたいことがあるんですが。」

⇩

(4)「部長、ちょっと聞きたいことがあるんですが。」

⇩

(5)「部長、ちょっと言いたいことがあるんですが。」

⇩

(3) 部長、（少々）お伝えしたいことがあるのですが。
(4) 部長、（少々）［お聞きしたい／お尋ねしたい／伺いたい］ことがあるのですが。
(5) 部長、（少々）申し上げたいことがあるのですが。

(6)「今、聞いてもよろしいでしょうか。」

⇩

(7)「今、話してもよろしいでしょうか。」

⇩

(8)「課長が作成された書類は、もう読みました。」

⇩

(6)今、「お聞きし／お尋ねし」てもよろしいでしょうか。
(7)今、「お話しし／お伝えし／申し上げ」てもよろしいでしょうか。
(8)課長が作成された書類は、もう拝読しました。

(9)「社長のお写真は見たことがあります。」

⇩

(10)「明日、届けます。」

⇩

(11)「それでは、3時に、行きます。」

⇩

(9) 社長のお写真は拝見したことがあります。

(10) 明日、お届けします。

(11) それでは、3時に、「伺い／お訪ねし」ます。

第二章　改まりを示す敬語

「改まりを示す敬語」について見ていく前に、そもそも「改まり」とは何かについて考えてみる必要がありそうです。

「改まりを示す話」、「改まりを示すメール」などというのは、どういう話やメールなのでしょうか。丁寧な話や丁寧なメールとはどう違うのでしょうか。

私は、そうした質問を受けたときには、あまり厳密ではありませんが、次のように説明しています。

それは、〈丁寧と改まりの違いは、具体的な例で言えば、「わたしがします。」と「私がいたし

ます。」、「よろしくお願いします。」と「よろしくお願いいたします。」との違いだ〉ということです。「わたしがします。」「よろしくお願いします。」は丁寧な話し方、「私がいたします。」「よろしくお願いいたします。」は改まった話し方というわけです。

少し難しい言い方になるかもしれませんが、〈改まりを示す話し方、改まりを示すメールというのは、丁寧な話し方、丁寧なメールに、「形式性」が加わったものである〉という説明もすることがあります。

「形式性」では、かえってわかりにくくなってしまったかもしれませんが、例えば、入学式や卒業式などで、学長や来賓の方がご挨拶をするときの話し方は、ただ丁寧な話し方というだけではなく、改まりを示した話し方、ということが言えます。服装で言えば、フォーマルなスーツを着て、ネクタイをきちんとしめて、スタンドマイクの前で直立して話しているような様子が「形式性」を示しているということです。また例えば、部長の送別会の幹事が、社員全員が登録されているメーリングリストに送る案内メールなどは、丁寧なメールというだけでなく、改まりを示したメールになることが多いのではないでしょうか。

要するに、個人間でのやりとりではなく、立場や役割を担った話し手や書き手が、複数の人を「相手」にして話したり書いたりするときに、丁寧なだけではない、改まりを示した表現をするのだと考えられます。それは、そういう表現の「場」だと意識する、ということにつながっているわけです。逆に言えば、個人間でのやりとりで、特に式典や大きな会議や公的な会合の通知などでない場合には、「形式性」を含む表現をする必要がないということになるでしょう。

「改まりを示す敬語」は、あまり馴染みがない用語かもしれませんが、「丁重語」と呼ばれる敬語です。

「改まり」と「丁重」は、ほぼ同じ意味で用いています。「改まり」や「丁重」というのは、「丁寧＋形式性」ということになります。

以上の説明を前提として、「改まりを示す敬語」について見ていくことにします。

「改まりを示す敬語」は、限られたものしかありません。まずは、次の5つを覚えてしまってください。

「いたす」、「おる」、「ござる」、「まいる」、「申す」

「改まりを示す敬語」は、「いたす。」「まいる。」などと使うことはなく、文末には常に「いたします。」「まいります。」のように「ます」がつきます。

「いたします」、「おります」、「ございます」、「まいります」、「申します」

という形で慣れておくほうがよいでしょう。

「改まりを示す敬語」は、「高くする敬語(2)」とは性質が異なりますが、「自分（側の人物）を高くしない」という点では共通するものです。

他の動詞につく形としては、

「～ております」、「～てまいります」

があります。これらは、様々な動詞と組み合わせて使うことができる「改まりを示す敬語」です。

動詞につく形ではありませんが、「～という」を敬語形にした、

「～と申します」

も使います。（「山田といいます。」⇩「山田と申します。」など）

また、「ございます」は「あります」を敬語にしたものですが、「です」を丁重にした敬語としての、

「でございます」

があります。例えば、「山田太郎の父です。」⇩「山田太郎の父でございます。」のようになります。

敬語ではない普通の言葉との関係で整理すると、次のようになります。

いますます⇩おります
～ています⇩～ております
します⇩いたします
説明します⇩説明いたします
いいます⇩申します
～といいます⇩～と申します
あります⇩ございます

行きます⇩まいります
〜ていきます⇩〜てまいります
来ます⇩まいります
〜てきます⇩〜てまいります
です⇩でございます

このほかに、やや難しい敬語になりますが、

思います⇩存じます
知っています⇩存じております

があります。「私もそのように存じます。」「その件は、存じております。」などのように使います。

「ウチ・ソト」の関係

敬語表現で難しいものとして、「ウチ・ソト」の関係を把握しながら人間関係を確定していくということがあります。

A社内での会話であれば、「自分」＝部下、「相手」＝上司の部長、「話題の人物」＝社長という関係なら、「さきほど社長もそう**おっしゃって**いました。」のように、社長に対して「**おっしゃる**」という「高くする敬語(1)」を使うわけですが、他社であるB社との取引の場で、「自分」＝A社の社員、「相手」＝B社の部長、「話題の人物」＝A社の社長、となる場合には、かりに社長であっても自分とは同じA社の人間となるわけなので、「弊社の社長の山田もそう**申しておりました**。」のように、「話題の人物」の社長に対して、「**申す**」「**ておる**」という「改まりを示す敬語」を使うことになります。

要するに、自分がA社の社員で、A社の社長を「話題の人物」とする場合、「相手」がA社の部長であれば、同じ会社の上下関係だけを考えて表現すればよいのに対して、「相手」がB社の部長である場合には、「自分」から見て社長は「ウチの人物」――すなわち高めてはいけない対象――として扱うことになるわけです。

また、他社であるB社との取引の場で、B社の部長が「相手」のとき、B社の社員である佐藤が「話題の人物」として登場してきたときには、かりに佐藤が自分の出身校の後輩であったとしても「さきほど、佐藤もそう言っていました。」と表現することはできず、「さきほど、佐藤さんもそう**おっしゃっていました。**」と「高くする敬語」を使う必要が生じることになります。B社の社員である佐藤を「話題の人物」とする場合、「相手」がB社の部長であれば、かりに佐藤が後輩であっても、「自分」から見て佐藤は「ソトの人物」――すなわち高めるべき対象――として扱う必要があるからです。状況によっては「高くする敬語」を使わないとしても、「佐藤」と呼び捨てにすることは控えなくてはならないでしょう。

こうしたウチ・ソトの人間関係についてはいろいろな説明の仕方がありますが、基本的には、「話題の人物」を「自分」と「相手」との関係でどう位置づけるのかという問題であって、「相手」をどう位置づけるのかということではありません。

多少面倒ではありますが、そうしたことに配慮しなければならない組織間の関係があるのであれば、意識しながら表現する必要があります。そこで有効なのが、ウチの人間については、たとえ上司であっても、「高くする敬語(2)」や「改まりの敬語」を使うということです。「さきほど社長が**申し上げました**ように…」「のちほど、社長が**伺います。**」や「社長も**申しておりました。**」「社長はただいま**まいります。**」といった敬語表現がすぐに出てくるようになれば、もう大丈夫です。

きます。

「改まりを示す敬語」を用いた敬語表現

「改まりを示す敬語」は、「高くする敬語」のように、だれかを高めようとするというのではなく、改まった「場」に対応して、その「改まり」の認識を表そうとする敬語だということができます。

例えば、自己紹介のときに、

「山田と**申します**。現在、A大学で経済学を**勉強しております**。」

などと言うのは、もちろんどのような状況でも決まり文句として表現する場合もありますが、大勢の人の前で、マイクを持ち、ちょっと緊張しながら自己紹介するときの表現であるといえるでしょう。居酒屋での懇親会で隣の人に自己紹介するのであれば、

「山田といいます。今、A大で経済学を勉強しています。」

でも十分なので、「申します」「勉強しております」という「改まりの敬語」は、「改まりのある場」との関連性が強い敬語だということができるわけです。

「改まりを示す敬語」を用いた敬語表現で、典型的なものは、先にも述べたように、式典でのご挨拶や、ビジネス上の正式な交渉場面でのやりとりなどが挙げられます。逆に見れば、日常の

生活ではあまり用いる必要がない敬語だということもできるでしょう。したがって、「改まりを示す敬語」は、その使いどころを見極めることが大切になります。改まりの高い「場」で使えば、真剣さや真面目さが伝わりますが、くだけた「場」で使うと、生真面目すぎたり、堅苦しい印象を与えたりすることになってしまいます。「人間関係」だけではなく、「場」をどう認識するのか、ということが、敬語を使いこなすためには重要な観点になるわけです。

「お・ご〜いたします」

この章で最後に触れておく敬語は、「**お・ご〜いたします**」です。

これは、厳密に言えば、「高くして、改まりを示す敬語」ということになります。そのため、「お・ご〜いたします」の中に含まれている、「**お・ご〜する**」(「高くする敬語(2)」)と「**いたします**」(「改まりを示す敬語」)それぞれの特色と、それらが融合してどういう敬語になるのかについてみていくことにしましょう。

例えば、「自分」＝部下、「相手」＝部長のとき、

「その件は、先日部長に**ご相談いたしました**。」

と表現した場合、高めようとする人は「部長」であるため、「（私が）部長に**ご相談する**」で部長を高くして、「（ご相談）**いたす**」で部長に改まって伝え、「**ます**」で部長に丁寧に伝えている、ということになります。したがって、ここでは、「ご相談する」も「いたす」も「ます」もすべてが相手である部長に対する敬語ということになるわけです。

右の例は、それほど難しくありませんが、次に、例えば、「自分」＝部下、「相手」＝部長のとき、「話題の人物」としての社長を登場させ、

「その件は、先日社長に**ご相談いたしました**。」

と表現したとしましょう。この場合には、少し複雑になります。

「**ご相談する**」の部分で高めることができるのは「社長」（のみ）です。

そして、「（ご相談）**いたす**」で改まって伝えている相手は「部長」、「**ます**」で丁寧に伝えてい

る相手も「部長」ということになります。

要するに、「社長にご相談いたします」に含まれる「ご相談する」「いたす」「ます」は、

「社長にご相談する」が〔社長を高める〕
「(社長にご相談)いたし(ます)」が〔部長に改まって伝える〕
「(社長にご相談いたし)ます」が〔部長に丁寧に伝える〕

という働きをしているわけです。

このように説明すると、何がなんだかわからなくなって、だから敬語は面倒で嫌いだ、ということになりかねませんが、ここで説明してきた「複雑さ」は、むしろ「お・ご〜いたし(ます)」という敬語形式の持つ「便利さ」だと捉え直してみてください。

自分が部下で、部長にも社長にも配慮しなければならないとき、それを同時に叶えるためにどうすればよいのか困ったときには、迷わずに「お・ご〜いたし(ます)」を使えばよいのです。そうすれば、社長を高め、部長には改まって丁寧に伝えることができるので、一度に両者に配慮

することが実現できるからです。

次に、「自分」＝部下、「相手」＝社長、「話題の人物」＝部長のときに、部長に報告するのだから「ご～する」を使えばいいと判断し、

「その件は、先日部長にご報告しました。」

と言ったとすると、部長を高めることはできますが、相手の社長には改まって伝えたことにはなりません。そこに「いたす」を加えて、

「その件は、先日部長に**ご報告いたしました**。」

とすると、改まりの高い「場」——大事な会議、正式な交渉場面など——での効果的な敬語の使い方になるわけです。

「**お届けいたします**」、「**ご報告いたします**」、「**ご連絡いたします**」、「**ご相談いたします**」などが、「相手」と「話題の人物」との関係で適切に使えるようになれば、ワンランク上の敬語表現が使いこなせるということにつながるのです。

「改まりを示す敬語」への敬語化チェック

それでは、これまでの復習として、次の表現を、「改まりを示す敬語」を用いた敬語表現にしてみてください。

(1)「山田といいます。営業を担当しています。よろしくお願いします。」

⇩

(2)「新商品開発のために十年間研究してきました。」

⇩

【解答例】

(1)山田と申します。営業を担当しております。よろしくお願いいたします。

(2)新商品開発のために十年間研究してまいりました。

(3)「だいぶ涼しくなってきましたね。」

⇩

(4)「厳しい暑さが続いていますが、ご健勝のことと思います。」

⇩

(5)「こっちにあるのが、新製品です。」

⇩

(3) だいぶ涼しくなってまいりましたね。

(4) 厳しい暑さが続いておりますが、ご健勝のことと存じます。

(5) こちらにございますのが、新製品でございます。

＊「こちら」は、「ここ」「こっち」などに対する改まりの言葉なので、改まりを示す敬語と同様の性質を持つものだといえます。

(6)「先日電話した、山田です。」

⇩

(7)「社長の山田はすぐに来ますので、ここでお待ちください。」

⇩

(6)先日お電話いたしました、山田でございます。

＊「先日」は、「この前」「この間」などに対する改まりの言葉です。

(7)社長の山田はただいままいりますので、こちらでお待ちください。

＊「ただいま」は「今」に対する改まりの言葉です。「すぐに」の改まりの言葉としては「ただちに」がありますが、この場合には「今来ます」の言い換えとして「ただいままいります」というほうが適切になるでしょう。

第三章　恩恵を表す敬語

「恩恵を表す敬語」は、本来「高くする敬語」の性質を持っていますが、そこに「恩恵を表す」という性質が加わった敬語です。

「恩恵」というのは、簡単に言えば、「ありがたい、嬉しい、助かる」などという気持ちのことです。そうした恩恵の気持ちをどう表すのかということは、敬語表現にとって非常に重要な観点となります。「恩恵を表す敬語」をマスターすることで、そうした恩恵の気持ちが適切に表せるようになります。

「恩恵を表す敬語」には、次の三つのタイプがあります。

(1)「サシアゲル系」(「高くする敬語(2)」+「恩恵」)
…「**さしあげる**」「(書い)**てさしあげる**」など
(2)「クダサル系」(「高くする敬語(1)」+「恩恵」)
…「**くださる**」「(書い)**てくださる**」など
(3)「イタダク系」(「高くする敬語(2)」+「恩恵」)
…「**いただく**」「(書い)**ていただく**」など

基本的には、
(1)「サシアゲル系」は、「やる・あげる」の敬語形
(2)「クダサル系」は、「くれる」の敬語形
(3)「イタダク系」は、「もらう」の敬語形
です。

したがって、例えば、

(1)本をあげます⇩(私が高める人に)本をさしあげます
(2)本をくれます⇩(高める人が私に)本をくださいます
(3)本をもらいます⇩(私が高める人から)本をいただきます

など、それぞれが元の言葉の意味や文法的な性質を持っているわけです。「恩恵を表す」という性質は、敬語化していない元の言葉にも含まれているものですが、敬語になるとそれがさらに明確になると言えます。

3-1 「恩恵を表す敬語⑴」――サシアゲル系

まずは、「恩恵を表す敬語⑴」として、「サシアゲル系」の敬語から見ていきましょう。

「**さしあげる**」は、「やる・あげる」を敬語にしたものだということができます。例えば、「(私があなたに)この本をあげます。」というかわりに「(私があなたに)この本をさしあげます。」と言えば、「あなた」を高くすることになるわけです。そして、「自分」から「相手」に恩恵を与えるという意味も加わることになります。

「この本をさしあげます。」など「さしあげる」を使って言うときには、恩恵を与えるという意味合いがそれほど強くは出ませんが、例えば、

「この本を買ってさしあげましょうか。」

のように、「**~てさしあげる**」を使って申し出をする表現になると、恩恵を与えるというニュア

ンスがかなり強く感じられるだろうと思います。ほかにも、

「手伝ってさしあげましょうか。」
「説明してさしあげましょうか。」

のような表現は、言葉は丁寧でも、ちょっと「上から」言われている感じがします。

このように、「〜てさしあげる」は若干恩着せがましい感じ（私は親切ですよね！というようなニュアンス）が出てしまうため、実際にはやや使いにくい敬語です。本来「高くする敬語(2)」だとはいっても、むしろやや上から下への意識によって使われるような印象があるからです。

このような「恩着せがましさ」を解消するためには、「〜てさしあげる」という敬語を用いずに、例えば、

「お手伝いしましょうか。」

のように、「お〜する」という「高くする敬語(2)」を使って言い換える、また、

「お手伝いいたしましょうか。」

のように、「お〜いたす」という、「お〜する」＋「改まり」の敬語にすることなどが考えられます。そうすることで、恩着せがましさを表さずに済むわけです。

以上述べてきたように、「サシアゲル系」は「恩恵を表す敬語」であっても、「自分」が他者に恩恵を与えるという意味が出てしまう以上、自分にとって「ありがたい、嬉しい、助かる」という気持ちを表すことではなく、その他者にとって「ありがたい、嬉しい、助かる」という気持ちがあると表現することになってしまうのです。その意味では、「サシアゲル系」を高めようとする人に対する敬語表現において用いることは控えたほうがよいといえるでしょう。

親しい人間関係において、「手伝ってあげましょうか。」「説明してやろうか。」などということは、事実として親切に申し出をしているわけなので特に問題はありません。ただしその場合でも、若干感じられる恩着せがましさをなくしたいのであれば、「手伝いましょうか。」「説明しようか。」と表現したほうがよいといえるのではないでしょうか。

「お茶を入れてさしあげて。」

「自分」と「相手」という二者間でのやりとりではなく、三者間の「人間関係」、例えば、「自分」＝部長、「相手」＝部下、もう一人の「相手」＝訪ねてきたお客様、というような「人間関係」がある場合、その部下に対して、

「あ、お客様にお茶を**入れてさしあげて。**」

などと指示を出すときには、客には特に恩着せがましさを与えずに用いることができるといえます。（二者間のやりとりで、お客様に向かって「お茶を入れてさしあげましょうか。」と言ったら失礼な表現になってしまうでしょう。もちろん、敬語の使い方の問題というより、そもそも「お茶を入れてあげましょうか。」と尋ねること自体がおかしいということでもありますが。）

この表現でも、

「あ、お客様にお茶をお入れして。」

のように「お〜する」に言い換えることで、恩恵を与える要素を消すことはできます。

「うちの子に教えてやってください。」

「サシアゲル系」だけではなく、「やる・あげる」を含めて考えると、例えば、

「ぜひ、うちの子に**教えてやってください**。」

というように、「自分側の人物」に恩恵を与える言い方をすることで、自分が「ありがたい、嬉しい、助かる」という気持ちを表すことができるようになります。これは、狭い意味での敬語の問題とは異なりますが、必ずしも敬語を使わなくても恩恵を受けることを表す適切な表現ができるということは、心に留めておくとよいでしょう。

「恩恵を表す敬語(1)」——「サシアゲル系」への敬語化チェック

それでは、ここまでの復習として、次の表現を「サシアゲル系」の敬語を用いた敬語表現に、あるいは「サシアゲル系」の敬語を用いず別の表現にしてみてください。

(1)「この本をあげます。」

⇩

(2)「写真を撮ってあげましょうか。」

⇩

【解答例】

(1) この本をさしあげます。

(2) 写真を「撮ってさしあげ／お撮りし」ましょうか。

(3)「だれか代わってあげて。」

⇩

(4)「うちの子供にも教えてあげてくださいね。」

⇩

(5)「代わりに連絡してあげましょう。」

⇩

(3)だれか代わってさしあげて。
(4)うちの子供にも教えてやってくださいね。
(5)代わりに「連絡してさしあげ／ご連絡し」ましょう。

3-2 「恩恵を表す敬語(2)」――クダサル系

それでは、次に「クダサル系」について見ていきましょう。

「クダサル系」には、「**くださる**」「**~てくださる**」「**お・ご~くださる**」があります。

まず、「**くださる**」ですが、「くださる」は「くれる」の敬語形です。例えば、

> 先輩が本をくれた。⇩先輩が本をくださった。
> その本をくれ。⇩その本をください。

という関係になります。

したがって、「くれる」に対応させることで敬語表現に変えることができます。

くれ（ない）⇩くださら（ない）
くれ（ます）⇩ください（ます）
くれ（た・て）⇩くださっ（た・て）
くれる（とき）⇩くださる（とき）
くれれ（ば）⇩くだされ（ば）
くれ⇩ください

基本的な形式は、以上のとおりです。単に「くれる」を「くださる」に敬語化することだけが通常の表現を敬語表現にすることではありませんが、「人間関係」と「場」を考えながら、「くれる」を「くださる」に変えることによって、「相手」や「話題の人物」をしっかりと高くし、恩恵を表す敬語表現になるので、まずはここから始めてみてください。

ただし、「クダサル系」での重要な問題は、物の授受だけではなく、高めようとする人の動作を恩恵的に捉えるという点にあります。それについて見ていくことにしましょう。

例えば、「自分」＝社員で、「相手」＝部長、「話題の人物」＝社長の場合に、「社長が話す。」ということを敬語表現で伝えようとすると、まずは、

「社長が話されます。」（「〜れる」）

「社長がお話しになります。」（「お〜になる」）

のように、「高くする敬語(1)」を使って敬語表現にすることが考えられます。

次に、「社長が話す」ということを、そのまま敬語化するのではなく、社長から恩恵を受けるという認識によって（実際に恩恵を受けるわけではなくても、あたかも恩恵を受けるかのように捉える、という場合もありますが）、「社長が話してくれる」と捉え、それを敬語表現にして伝えると、

社長が話してくださいます。（「〜てくださる」を使って敬語化）

さらに、

社長がお話しくださいます。（「お〜くださる」を使って敬語化）

となります。

「話してくださいます」よりも「お話しくださいます」のほうが、敬語としての程度が高くなるのですが、敬語化するのは「〜てくださる」のほうが簡単なので、「お〜くださる」という形で表現しにくい場合には、「話してくださいます」のほうを選べばよいでしょう。

「お話ししてくださる」？

「**話してくださいます**」ばかりを使っていると、さらに丁寧に言おうとしたときにあわててしまい、「お話ししてくださいます」という形が出てきてしまいます。これは、もちろんそのような気持ちはないにしても、形として「お話しする」(「お〜する」)という「高くする敬語(2)」が紛れ込んで、結果として自分を高くしてしまうことになるため、誤用となります。

ほかにも例えば、「**説明してくださいます**」を「ご説明してくださいます」と言ってしまうのも誤用ですので、ご注意ください。(ちなみに「ご注意してください」も誤用です。)

「お・ご」をつけさえすれば「相手」や「話題の人物」を高くすることができる、というわけではありません。

「話してくださる」（「～てくださる」）という形に習熟したら、次は、ぜひ「お話しくださる」（「お～くださる」）という形にも慣れるようにしてください。この「お・ご～くださる」という形（後で説明する「お・ご～いただく」「お・ご～いただける」も同様です）が使えるようになると、敬語が上手に使えているという印象を与えることもできます。

「お・ご～くださる」という形に慣れるためには、

お読みになります↓お読みくださいます
お書きになります↓お書きくださいます
ご説明なさいます↓ご説明くださいます
ご利用なさいます↓ご利用くださいます

というような、「高くする敬語(1)」から「恩恵を表す敬語」への変換練習をしておくとよいでしょう。

「クダサル系」は、「恩恵を表す敬語」ですが、本来は「高くする敬語(1)」ということなので、形も使い方もそれほど難しくはありません。

高めようとする「相手」や「話題の人物」がする動作について、

あなたが／あの方が、……～てくださる／お・ご～くださる

という関係になることを押さえておけば問題ないでしょう。

この「恩恵を表す敬語」が重要だといえるのは、「高くする敬語(1)」がその人物を客観的に高くする性質だけを持つのに対し、高くすることに加え自分が恩恵を受けているということも示せる、すなわち、「ありがたい、嬉しい、助かる」という気持ちを表すこともできるという点にあります。

「社長がお話しになりました。」

と言うと、社長を高めるだけで、ちょっと他人事風《ひとごとふう》に聞こえる（「自分」とは関わりがないような）敬語表現となるのに対し、

「社長が**お話しくださいました。**」

と言うと、社長を高めるとともに、社長が私（たち）のために話してくれた、だから、ありがたい、嬉しい、という気持ちが込められた敬語表現になるわけです。（この本では、そういう気持ちを持ちなさい、ということが主張したいわけではありません。もしそういう気持ちがあるのなら、この形式を使えばその気持ちが伝わりますよ、この形式はそういう気持ちを表すことができますよ、という点に説明の主眼があります。）

普通の言い方で「話してくれた」、「説明してくれた」となるものについては、必要に応じて「**話してくださった**」「**お話しくださった**」、「**説明してくださった**」「**ご説明くださった**」と表現することで、恩恵の気持ちが伝わる敬語表現になるといえるでしょう。

例えば、「みなさまが応援してくれたおかげで頑張れました。」であれば、せっかく「みなさ

ま」と言っているので、

「みなさまが**応援してくださった**おかげで頑張れました。」

などとすれば、より適切な敬語表現になります。（ただし、この場合は、「ご応援くださった」は使えません。そもそも「ご応援」とは言えないからです。「ご声援」であれば、「みなさまの温かいご声援のおかげで」などと言うことができます。「お・ご」がつけられるかどうかによって「お・ご〜くださる」がいえるかどうかも決まってくるので、その点はご留意ください。）

以上、「恩恵を表す敬語⑵」――「クダサル系」について見てきました。「クダサル系」の敬語が使えるようになると、「高くする＋恩恵」という二つの敬語の性質を同時に表現できるので、敬語を使いこなすための大きな前進となります。

「恩恵を表す敬語(2)」――「クダサル系」への敬語化チェック

それでは、ここまでの復習として、次の表現を「クダサル系」の敬語を用いた敬語表現にしてみてください。

(1)「これは、部長がくれた時計です。」

⇩

(2)「手伝ってくれたので、助かりました。」

⇩

【解答例】

(1) これは、部長がくださった時計です。

(2) [手伝って／お手伝い] くださったので、助かりました。

(3)「恐れ入りますが、もう一度、説明してくれますか。」

⇩

(4)「その問題の背景については、部長が教えてくれました。」

⇩

(5)「応援してくれて、ありがとうございます。」

⇩

(3) 恐れ入りますが、もう一度、［説明して／ご説明］くださいますか。
(4) その問題の背景については、部長が教えてくださいました。
(5) ［応援してくださって／応援してくださり／応援してくださいまして］、ありがとうございます。

(6)「どうぞ自由に取ってくれ。」

⇩

(6) どうぞ［自由／ご自由］に［取って／お取り］ください。

3-3 「恩恵を表す敬語(3)」――イタダク系

それでは、最後に「イタダク系」について見ていきましょう。

「イタダク系」には、**「いただく」「~ていただく」「お・ご~いただく」**、**「いただける」「~ていただける」「お・ご~いただける」**があります。

「いただく」だけではなく、「いただける」を取り上げているのは、「いただける」という敬語(「いただくことができる」という、「いただく」の可能形)が「依頼表現」や「可能表現」などと深く関わるため、敬語表現において重要な役割を果たすからです。

また、よく話題になる「**~(さ)せていただく**」についても、検討したいと思います。

「イタダク系」は、「恩恵を表す敬語」において、最も重要な役割を担う敬語です。「イタダク系」がしっかりと使えるようになれば、敬語が上手に使いこなせるようになります。

「形」の整理

それではまず、「いただく」「いただける」の「形」について整理しておくことにしましょう。

なお、すでに「形」について理解できている人は、次に進んでください。

まずは「いただく」ですが、「いただく」は「もらう」の敬語形です。例えば、

（私は）先輩に本をもらった。
⇩
（私は）先輩に本をいただいた。

という関係になります。

したがって、「もらう」に対応させることで敬語表現に変えることができます。

もらわ（ない）⇩いただか（ない）
もらい（ます）⇩いただき（ます）

もらっ（た・て）⇩いただい（た・て）
もらう（とき）⇩いただく（とき）
もらえ（ば）⇩いただけ（ば）
もらえ！⇩いただけ！

次に「いただける」ですが、「いただける」は「もらえる」（もらうことができる）の敬語形です。例えば、

（私は先生から）本をもらえた。
⇩
（私は先生から）本をいただけた。

となります。
さらに重要な表現として、依頼表現での形が挙げられます。

（私はあなたから）その本をもらえますか。
⇩
（私はあなたから）その本をいただけますか。

という関係になります。
したがって、「もらえる」に対応させることで敬語表現に変えることができます。

もらえ（ない）⇩いただけ（ない）
もらえ（ます）⇩いただけ（ます）
もらえ（た・て）⇩いただけ（た・て）
もらえる（とき）⇩いただける（とき）
もらえれ（ば）⇩いただけれ（ば）

基本的な形式は、以上のとおりです。

「くださる」のところでも述べたように、単なる言葉の置き換えをすることが敬語表現につながるわけではありませんが、「人間関係」と「場」を考えながら、「もらう」、「もらえる」を「いただく」、「いただける」に変えるだけでも、「相手や話題の人物」をしっかりと高くしつつ、恩恵を表すことのできる敬語表現にすることができます。

「イタダク系」＝「高くする敬語⑵」＋恩恵

「イタダク系」は、「高くする敬語⑵」＋「恩恵を表す」という性質を持つ敬語です。先に述べたように、「高くする敬語⑵」は、「自分」の動作などに用いることで「相手や話題の人物」を高くするタイプの敬語です。「高くする敬語⑴」に比べて間接的に「相手や話題の人物」を高くするため、やや使いにくい敬語になるわけですが、動作をするのはだれか、恩恵を与えるのはだれか、恩恵を受けるのはだれか、ということをよく考えながら表現することで、適切に「イタダク系」を使いこなすことができるようになります。そのあたりを確認しながら進めていくことにしましょう。

「クダサル系」で扱った例でみていくと、「社長が話す」ということを、そのまま敬語化するのではなく、社長から恩恵を受けるという認識によって（実際に恩恵を受けるわけではなくても、あたかも恩恵を受けるかのように捉える、という場合もありますが）、「社長に話してもらう」「社長に話してもらえる」と捉え、それを敬語表現にして伝えると、

> 社長に話していただきます。（「～ていただく」を使って）
> 社長に話していただけます。（「～ていただける」を使って）

さらに、

> 社長にお話しいただきます。（「お～いただく」を使って）
> 社長にお話しいただけます。（「お～いただける」を使って）

となります。

「話していただきます」「話していただけます」よりも、「お話しいただきます」「お話しいただけます」のほうが、敬語としての程度が高くなるのですが、敬語化するのは「〜ていただく」「〜ていただける」のほうが簡単なので、「お〜いただく」「お〜いただける」という形で表現しにくい場合には、「話していただきます」「話していただけます」のほうを選べばよいでしょう。

「お話ししていただく」？

「話していただきます」「話していただけます」ばかりを使っていると、さらに丁寧に言おうとしたときに、「お話ししていただきます」「お話ししていただけます」という形が出てきてしまいます。これは、形として「お話しする」（「お〜する」）という「高くする敬語(2)」が紛れ込んで、結果として自分を高くしてしまうことになるため、誤用となります。

ほかにも例えば、「説明していただきます」「説明していただけます」を「ご説明していただきます」「ご説明していただけます」と言ってしまうのも誤用ですので、ご注意いただければと思います。（ちなみに、ご注意していただければ、も誤用です。）

「話していただく」（「～ていただく」）、「話していただける」（「～ていただける」）という形に習熟したら、次は、ぜひ「お話しいただく」（「お～いただく」）、「お話しいただける」（「お～いただける」）という形にも慣れるようにしてください。この「お・ご～いただく」「お・ご～いただける」という形が使えるようになると、「クダサル系」と同様、敬語が上手だという印象を与えることができます。

「お・ご～いただく」「お・ご～いただける」という形に慣れるためには、

お読みになります→お読みくださいます→
　お読みいただきます→お読みいただけます
お書きになります→お書きくださいます→
　お書きいただきます→お書きいただけます
ご説明なさいます→ご説明くださいます→

ご説明いただきます→ご説明いただけます
ご利用なさいます→ご利用くださいます→
ご利用いただきます→ご利用いただけます

というように、「高くする敬語(1)」→「クダサル系の恩恵を表す敬語」→「イタダク系の恩恵を表す敬語」といった変換練習をしておくとよいでしょう。

先に示したように、「クダサル系」では、高めるべき「相手」や「話題の人物」がする動作について、

あなた**が**/あの方**が**、……~てくださる/お・ご~くださる

という関係になりますが、「イタダク系」は、

私[が]、あなた[に]／あの方[に]、……
〜ていただく／お・ご〜いただく、〜ていただける／お・ご〜いただける

という関係になります。

「イタダク系」は、実際の表現では、「私が」を表さないことが多いので、例えば、

社長[が]ご説明くださいました。
社長[に]ご説明いただきました。／社長[に]ご説明いただけました。

のように、どちらも、高めようとする人は「社長」、説明するのも「社長」ということで、「が」と「に」以外、ほとんど表現上の違いが見えなくなります。

そこで、

「社長がご説明いただきました。」

というような、ねじれた誤用の表現もよく出てくるわけです。

誤用については、あまり細かいことに気を取られすぎると、かえって混乱してしまうのですが、基本的なところはしっかりと押さえておく必要はあるでしょう。特に、意味が変ってしまう誤用は、要注意です。「社長がご説明いただきました。」と言うと、「え、だれに?」と思われてしまいます。

「〜(さ)せていただく」の問題

敬語表現でよく話題になるのが、「〜(さ)せていただく」の問題です。特に、「〜(さ)せていただく」の使いすぎに関する問題が多いようです。

「〜(さ)せていただく」を使うときには、次の要素を満たしているかどうかということが要点となります。

(1)「自分」がすることを、
(2)「高めようとする人」の許可をもらって行い、
(3)そこに「ありがたい」という気持ちがある。

実際にこれらの要素がある場合には、「〜(さ)せていただく」を使ったほうがよく、そうでない場合には、「〜(さ)せていただく」を使うことに違和感を持たれるおそれがある、ということになります。

例えば、

そのビデオカメラを使わせていただきたいのですが…

という表現の場合は、(1)自分がビデオカメラを使うことを、(2)「高めようとする人」である「ビデオカメラの所有者(あるいは管理者)」の許可をもらって行い、(3)ビデオカメラを使わせてもらうことを「ありがたい」と思っている、という要件を満たしているので、適切な敬語表現だといえるわけです。

よく話題になる「本日休業させていただきます。」という店の張り紙での表現ですが、店側の事情で休むときには、(2)の条件がない、つまり客の許可をもらって行うことではないので、やや気になる（かなり気になる）人も出てくるといえるわけです。気になる人は、「許可した覚えがないんだから、けしからん」ということでしょうし、気にならない人は、単に謙《へりくだ》った表現として受け止めているのでしょう。文化庁の調査によると、年配の男性ほど気になるようです。

「私が大学を卒業させていただいてから、もう十年がたちます。」

という表現も、気になる人は、卒業したのは自分自身の行為なのに妙な表現だ、ということでしょうし、気にならない人は、みなさんのおかげで卒業させてもらったという謙虚な表現だと思っている、あるいは、単なる謙遜表現として受け止めているということでしょう。しかし、実際に、だれかの特別な計らいによって「卒業させていただいた」のであれば、事実に合った適切な表現だといえるわけです。

「新製品を開発させていただいた理由を述べさせていただきます。」
「お手伝いさせていただいてもよろしいでしょうか。」

などと表現しようとする気持ちはわかるところもありますが、ちょっと使いすぎだといえるでしょう。「~(さ)せていただく」を使う理由が、「自分」の動作について謙った気持ちで表現しようとして、他の敬語表現では言い表せないということであれば問題ないのですが、そうでない場合にはできるだけ言い換えることで、簡潔な敬語表現になります。

当然のことながら、敬語はたくさん使ったからといって良い表現になるわけではありません。必要十分な敬語を適切に使ってこそ、本当に自己も他者も尊重した敬語表現になるといえるのです。

「恩恵を表す敬語(3)」――「イタダク系」への敬語化チェック

それでは、最後にこれまでの復習として、次の表現を「イタダク系」の敬語を用いた敬語表現にしてみてください。

(1)「そちらをもらいたいんですけど。」

⇩

(2)「課長に手伝ってもらいました。」

⇩

【解答例】

(1)そちらをいただきたいのですが。

(2)課長に「手伝って／お手伝い」いただきました。

(3)「もう少し早く言ってもらえるとよかったんですが。」

⇩

(4)「それ、もらえますか。」

⇩

(5)「ここに署名してもらえますか。」

⇩

(3)もう少し早く［言って／おっしゃって］いただけるとよかったん（の）ですが。
(4)それ、いただけますか。
(5)ここに［署名して／ご署名］いただけますか。

(6)「どなたかに参加してもらえると嬉しいんですが。」

↓

---

(6)どなたかに［参加して／ご参加］いただけると嬉しいん（の）ですが。

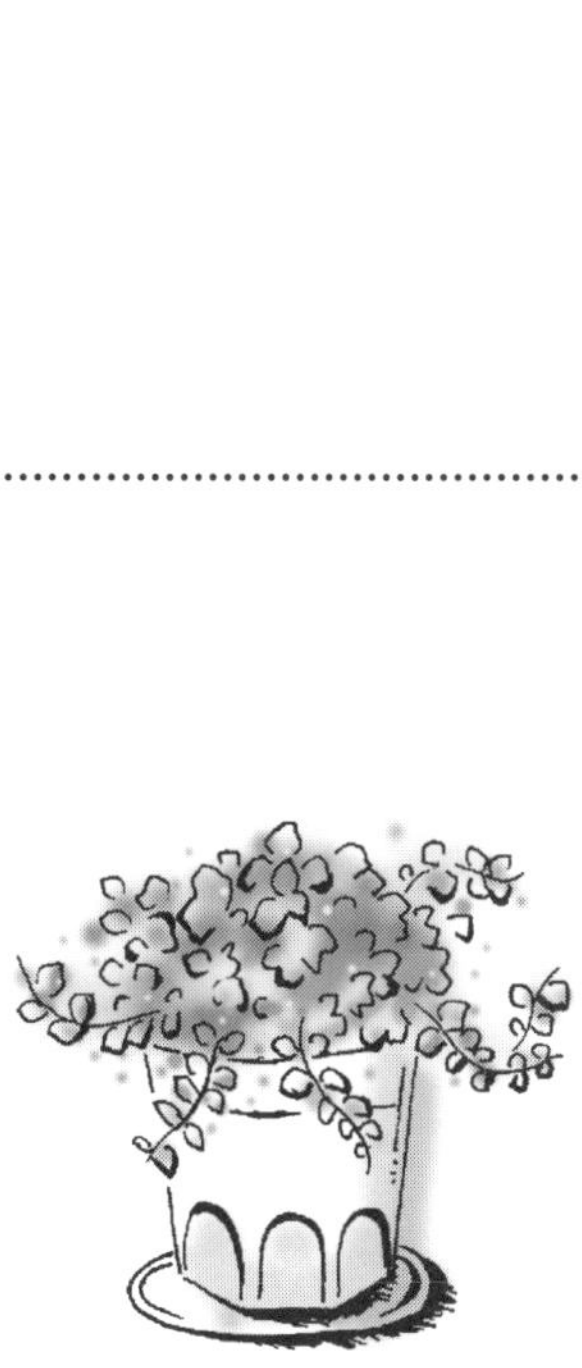

第Ⅱ部 実践編

第Ⅱ部の実践編では、第Ⅰ部の基礎編で整理したことを、いくつかの敬語表現例を用いながら確認し、実際に敬語化していきましょう。

第Ⅱ部の構成ですが、まず、ここで用いる敬語表現【例1】～【例5】の文章を示しておきます。これらが理想の敬語表現としての例だというわけではありませんが、様々な敬語が用いられている具体例として参考になると思います。なお、敬語が使われている部分は、白抜きで目立つようにしてあります。

そして次に、【例1】～【例5】の文章の中で用いられている敬語について、「高くする敬語(1)、(2)」、「改まりを示す敬語」、「恩恵を表す敬語」それぞれについての敬語化をしていく練習をします。それを通じて、次第に適切な敬語表現の力をつけていくことがねらいです。第一章では「高くする敬語(1)、(2)」、第二章では「改まりを示す敬語」、第三章では「恩恵を表す敬語」への敬語化を扱います。

敬語表現【例1】…講演会講師依頼（文書）

敬語表現【例1】は、文書で講演会の講師を依頼するものです。依頼の第一段階としての文書であるため、具体的な点については、その後のやりとりを行うことで明確にしていくという内容になっています。

「自分」…研究会の幹事長を務めている学生
「相手」…講師候補の教員

拝啓　桜の季節を迎える頃となりました。先生にはお元気にお過ごしのことと存じます。

さて、このたび私どものコミュニケーション研究会では、三十周年を記念して、「敬語とコミュニケーション」に関する講演会の開催を企画いたしました。

ついては、敬語コミュニケーションを御専門としていらっしゃる先生に、ぜひ、御講演をお願いしたいということで御連絡した次第です。

講演会は、九月中の土曜日を予定しておりますが、先生の御都合に合わせ調整いたします。お忙しいところ誠に申し訳ございませんが、先生のお話が伺えることを会員全員が楽しみにしております。何卒、よろしくお願いいたします。

なお、詳細については、後日改めて研究室に伺い、御説明をさせていただきます。

では、時節柄、お身体を大切になさいますようお祈り申し上げます。

敬　具

二〇XX年三月X日

コミュニケーション研究会幹事長

小川一郎

山本花子先生

敬語表現【例2】…推薦状依頼（対面）

敬語表現【例2】は、奨学金を申請する際に必要な推薦状を指導教員に対面で依頼するというものです。指導教員の研究室を訪ね、推薦状を頼んでいます。

「自分」…学生（S）
「相手」…指導教員（T）

S：（ノック）
T：はい、どうぞ。
S：先生、ちょっとお願いしたいことがあるんですが、今よろしいでしょうか。
T：あ、いいですよ。何でしょう。
S：実は、W奨学金に応募したいんですが、申込書のほかに指導の先生の推薦状が必要になりまして…。
T：ああ、そうなんですか。
S：お忙しいところ申し訳ありませんが、書いていただけますでしょうか。

T：ええ、もちろん。何か決まった書式があるんですか。
S：いえ、特に指定の書式はございません。
T：わかりました。では、書いておきますので、明後日の昼休みに取りに来てください。
S：はい、どうもありがとうございます。それでは、よろしくお願いいたします。失礼いたします。

敬語表現【例3】…推薦状依頼（メール）

敬語表現【例3】は、【例2】と同様、奨学金を申請する際に必要な推薦状を依頼するものです。相手は指導教員ではない教員で、対面ではなくメールでの依頼となっています。

「自分」…学生
「相手」…指導教員ではない教員

件名　推薦状の件（お願い）

山田花子先生

小川です。いつもお世話になっております。
実は、W奨学金に応募したいのですが、
この奨学金は指導教授の推薦の他に
もう１名の推薦状が必要ということです。
お忙しいところ恐縮ですが、
いつも親切にご指導くださっている山田先生に
ぜひお願いできればと思い、
メールをお送りする次第です。
お手数をおかけし申し訳なく思いますが、
お書きいただけますでしょうか。
お引き受けいただけるようでしたら、
所定の書類をお渡しいたします。
先生のご都合の良いお時間をご指定いただければ、
研究室に伺います。
なお、提出締め切りは来月の10日となっております。
何卒、よろしくお願い申し上げます。

小川一郎

敬語表現【例4】…お詫び（掲示）

敬語表現【例4】は、発売したカードの在庫が少なくなったので、定期券に限定して発売するという、駅構内に掲示されたお詫びの文章です。実例を基に書き換えたものです。

「自分」…東京○○株式会社
「相手」…駅利用客

Pカードの発売について（お詫び）

いつも東京○○をご利用いただきましてありがとうございます。本年三月十八日から発売を開始したPカードにつきましては、当初ご用意いたしましたカードの在庫が僅少となっております。このため加盟各事業者において四月十二日（木）始発から八月頃まで「Pカード定期券のみの発売」とさせていただきます。お客様には大変ご不便、ご迷惑をおかけいたしますことを深くお詫び申し上げます。なお、すでにPカードをお持ちのお客様は、引き続き、「鉄道・バスのご乗車や、駅などでのチャージ、電子マネー加盟店でのお買い物」にご利用いただけます。その他ご不明な点につきましては、担当係員までお尋ねください。

二〇XX年四月
東京〇〇株式会社

敬語表現【例5】…文部科学大臣諮問理由説明（ご挨拶）

敬語表現【例5】は、少し長くなりますが、二〇〇七年に文化審議会の答申として出された「敬語の指針」に掲載されている、文部科学大臣から審議会の委員に対する諮問理由説明のご挨拶を文章にしたものです。

かなりレベルの高い、いろいろな敬語が使われているので、実際の敬語表現の中で敬語がどう使われているかを学ぶためにも、参考になるでしょう。ちょっと難しい表現が多いかもしれませんが、まずは、様々な敬語や、敬語に準じた言い回しが使われている敬語表現の実例として眺めておいてください。

なお、「敬語の指針」そのものも、ぜひ参照してください。「敬語の指針」では、「敬語についての考え方」「敬語の仕組み」「敬語の具体的な使い方」について、詳しく説明されています。この本での説明のしかたとは異なるところがありますが、内容に大きな違いはありません。(「敬語の指針」は、文化庁のホームページから参照、ダウンロードできます。http://www.bunka.go.jp/bunkashingikai/soukai/pdf/keigo_tousin.pdf)

「自分」…文部科学大臣
「相手」…文化審議会委員

文部科学大臣諮問理由説明

平成17年3月30日

1　このたびの諮問を行うに当たり、一言ごあいさつ申し上げます。

委員の皆様におかれましては、御多用中にもかかわらず御出席いただきまして誠にありがとうございます。平成13年に設置されましたこの文化審議会には、これまでに「文化を大切にする社会の構築について」など三つの御答申をおまとめいただいたほか、各分科会においても精力的な御審議が行われていると伺っております。

文化審議会で御検討いただきます様々な課題は、いずれも我が国の文化の振興にとって重要な事項でございますが、とりわけ、国語、すなわち私たち日本人の母語である日本語の問題は、全国民に直接かかわる問題であり、我が国の文化や社会の基盤にもかかわる極めて重要な問題であると考えております。

国語の問題に関しては、昨年の2月に「これからの時代に求められる国語力について」の御答申をいただきましたが、その中に述べられている「現在の我が国の状況を考えるとき、今日ほど国語力の向上が強く求められている時代はない。」という御認識は、そのまま今の私の認識でもございます。

本年2月、文化審議会国語分科会が「国語分科会で今後取り組むべき課題について」の御報告をおまとめになりました。国語、言葉の問題は、極めて広範にわたり、多様な問題が存在いたします。しかしながら、それぞれの問題の緊急性、重要性にはおのずと濃淡があることは申すまでもありません。

分科会の御報告は、問題の緊急性、重要性から見て、「敬語に関する具体的な指針の作成について」及び「情報化時代に対応する漢字政策の在り方について」の二つの課題を今後取り組むべき大事な課題であると指摘されています。様々な課題の中からこれらの二つについて御提言いただいたことに、私は分科会各委員の御見識の高さを感じた次第であります。

本日の諮問は、この国語分科会のおまとめになった御報告に沿って二つの課題の検討をお願いするものであります。

2　今後、御審議を進めていただくに当たり、二つの諮問事項について私の考えているところを若干申し述べたいと存じます。

(1)まず初めに、敬語の具体的な指針の作成に関連して申し上げます。

敬語は、我が国の大切な文化として受け継がれてきたものであるとともに、社会生活における人々のコミュニケーションを円滑にし、人間関係を構築していく上で欠くことのできないものであります。

最初にお願いしたいことは、現在の社会生活に不可欠な存在である敬語を、現時点で、どのように位置付け、そして、それをどのように将来の社会にまで引き継いでいくのかという観点を指針作成に当たって大事にしていただきたいということであります。

すなわち、作成される指針は、現在の人々の言語生活に資するだけでなく、将来の敬語の在り方にも影響を与えるものであるという点を十分に踏まえて、検討をお願いしたいということであります。このことは伝統的な敬語の使い方だけが正しく望ましいという意味では決してありません。むしろ、大切な文化だからこそ、使いやすく分かりやすい敬語の在り方や使い方をお示しいただきたいというのが私の率直な気持ちであります。

⑵次に、情報化時代に対応する漢字政策の在り方に関連して申し上げます。

パソコンや携帯電話等の情報機器の急速な普及によって、人々の文字環境は大きく変化してきています。これらの情報機器には驚くほどの数の漢字が搭載されており、その結果、社会生活で目にする漢字の数も確実に増えているように感じられます。このような変化に伴って、人々の漢字使用にかかわる意識もどちらかと言えば、より多くの漢字を使いたいという方向に動きつつあるように見受けられます。このこと自体は決して悪いこととは思いません。しかしながら、法令・公用文書・新聞・雑誌・放送など、一般の社会生活における漢字使用を考えるときには、意思疎通の手段としての漢字という観点が極めて重要であり、単純に漢字の数が多ければ多いほどよいとするわけには行きません。

情報化の急速な進展によってもたらされたこのような社会変化の中で、人々の共通の理念となるような「漢字にかかわる基本的な考え方」を整理し、提示していく必要があるのではないかと感じております。端的には、日本の漢字をどのように考えていくのか、この点について、大局的な見地に立った御判断をお示しいただければ大変に有り難いと存じます。

常用漢字表の見直しにしても、固有名詞の取扱いにしても、手書きをどのように位置付けるかにしても、正にこの基本理念に基づいて検討されるべき課題であろうと考えます。甚だ難しいお願いではありますが、このことの重要性にかんがみて御検討のほどよろしくお願いいたします。

3 以上、今回の御審議に当たり、特に御検討をお願いしたい点について申し上げましたが、幅広い視野の下に、忌憚《たん》のない御審議をしてくださるようお願い申し上げまして、私のごあいさつといたします。

（※原文は横書きのため、算用数字を使用しています。ここでも数字の表記は原文通りとしました。）

敬語化の実践

それでは、敬語表現【例1】から【例5】までを用いながら、敬語化の練習をします。敬語ではない普通の言葉をどのように敬語化すればよいのか、どのような敬語を使うことで適切な敬語表現になるのかを考えながら進めていきましょう。敬語化する箇所については、次の例の「行く」のように白抜きにしてあるので、それを敬語化してみてください。

例　山田先生も行くと伺っております。

↓

いらっしゃる

ただし、「行く」を「いらっしゃる」と敬語化するだけではなく、ぜひ文全体を見て、文中の他の敬語（右の例では「伺う」「ております」）との関係についても確認してください。そうすることで、敬語表現の中での敬語化の意味がより鮮明になってくるはずです。

第一章　高くする敬語への敬語化

1－1　高くする敬語(1)への敬語化

それではまず、「高くする敬語(1)」について敬語化をしてみましょう。

【例1の敬語化】

(1) 先生には元気に過ごしていることと存じます。

⇩

解説 「元気に」は、「お元気に」とすることで、相手である先生を高めることができます。

「過ごしている」は、そのまま敬語化すれば「過ごしていらっしゃる」となりますが、例文では「お過ごしの」という敬語化を選んでいます。手紙や文書などでの慣用的な表現としては「お元気にお過ごしのこと」になります。

●●敬語化のテクニック●●

「〈動詞〉ている○○」を「〈動詞〉ていらっしゃる○○」ではなく、「お・ご〈名詞〉の○○」にするという敬語化、例えば、「読んでいる本」⇩「お読みの本」、「待っている人」⇩「お待ちの方」、「利用している施設」⇩「ご利用の施設」などは、敬語遣いの上級者によく見られるテクニックです。

(2) 敬語コミュニケーションを専門としている先生に、ぜひ、講演をお願いしたいということで御連絡した次第です。

⇩

［　　　　］［　　　　］［　　　　］

解説 「専門」は「御専門」に、「している」は「していらっしゃる」に、「講演」は「御講演」とすることで、適切な敬語化となります。さらに言えば、「敬語コミュニケーションが御専門の先生に」という敬語化もできるでしょう。

(3) 講演会は、九月中の土曜日を予定しておりますが、先生の都合に合わせ調整いたします。忙しいところ誠に申し訳ございませんが、先生の話が伺えることを会員全員が楽しみにしております。

↓

解説 これらは、「お・ご」をつければ高くする敬語になるので、「都合」は「御都合」、「忙しい」は「お忙しい」、「話」は「お話」と敬語化すればよいでしょう。

(4) では、時節柄、身体を大切にするようお祈り申し上げます。

↓

解説 「身体」は「お身体」とします。「する」は、「される」「なさる」がありますが、ここでは、少し程度の高い「なさる」を選び、「大切になさいますよう」と敬語化します。

(5) 山本花子さん

解説 【例1】の文書における宛名ということから考えられる敬語化としては、「山本花子様」、「山本花子教授」などもありますが、相手が教授などの場合、「～様」ではやや軽くなること、「～教授」は敬称というより職位を示すものであることからすると、「山本花子先生」とするのが最も適切だと考えられます。

【例2の敬語化】

(6) 忙しいところ申し訳ありませんが、書いていただけますでしょうか。

解説 「忙しい」は「お忙しい」とします。

【例3の敬語化】

(7) いつも世話になっております。

⇩

解説 「世話」は「お世話」ですね。

(8) 忙しいところ恐縮ですが、いつも親切にご指導くださっている山田先生にぜひお願いできればと思い、メールをお送りする次第です。

⇩

解説 「忙しい」は「お忙しい」とします。

(9) 手数をおかけし申し訳なく思いますが、お書きいただけますでしょうか。

⇩

解説 「手数」は「お手数」となります。

⑽ 先生の都合の良い時間をご指定いただければ、研究室に伺います。

⇩

解説 「都合」は「ご都合」、「時間」は「お時間」とします。

【例4の敬語化】

⑾ 客には大変不便、迷惑をおかけいたしますことを深くお詫び申し上げます。

⇩

解説 「客」は「お客様」に、「不便」「迷惑」は、「ご不便」「ご迷惑」とします。

⑿ なお、すでにPカードを持っている客は、引き続き、「鉄道・バスの乗車や、駅などでのチャージ、電子マネー加盟店での買い物」にご利用いただけます。

⇩

解説　「持っている」は、「持っていらっしゃる」あるいは「お持ちの」とします。「客」は「お客様」、「乗車」は「ご乗車」、「買い物」は「お買い物」となります。

(13) その他不明な点につきましては、担当係員までお尋ねください。

解説　「不明」を「ご不明」とすることで、相手である客を高めることができます。

【例5の敬語化】

(14) 委員の皆さんにおいては、多用中にもかかわらず御出席いただきまして誠にありがとうございます。

解説　「皆さん」は「皆様」にします。「おいては」は、「おかれては」さらに「おかれましては」とします。「多用中」は「御多用中」となります。

(15)
平成13年に設置されましたこの文化審議会には、これまでに「文化を大切にする社会の構築について」など三つの答申をおまとめいただいたほか、各分科会においても精力的な審議が行われていると伺っております。

解説
「答申」は「御答申」、「審議」は「御審議」となります。

(16)
国語の問題に関しては、昨年の2月に「これからの時代に求められる国語力について」の答申をいただきましたが、その中に述べられている「現在の我が国の状況を考えるとき、今日ほど国語力の向上が強く求められている時代はない。」という認識は、そのまま今の私の認識でもございます。

解説
「答申」は「御答申」、「認識」は「御認識」となります。

(17) 本年2月、文化審議会国語分科会が「国語分科会で今後取り組むべき課題について」の報告をまとめました。

解説 「報告」は「御報告」となります。「まとめ」は「まとめられ」あるいは「おまとめになり」と敬語化します。

(18) 分科会の報告は、問題の緊急性、重要性から見て、「敬語に関する具体的な指針の作成について」及び「情報化時代に対応する漢字政策の在り方について」の二つの課題を今後取り組むべき大事な課題であると指摘しています。

解説 「報告」は「御報告」です。「指摘して」は「指摘されて」あるいは「指摘なさって」となります。

(19) 様々な課題の中からこれらの二つについて御提言いただいたことに、私は分科会各委員の見識の高さを感じた次第であります。

解説 「見識」は「御見識」とします。

(20) 本日の諮問は、この国語分科会のまとめた報告に沿って二つの課題の検討をお願いするものであります。

解説 「まとめた」は「まとめられた」あるいは「おまとめになった」となります。「報告」は「御報告」です。

(21) 今後、審議を進めていただくに当たり、二つの諮問事項について私の考えているところを若干申し述べたいと存じます。

⇩

解説 「審議」は「御審議」です。

(22) 端的には、日本の漢字をどのように考えていくのか、この点について、大局的な見地に立った判断をお示しいただければ大変に有り難いと存じます。

⇩

解説 「判断」は「御判断」とします。

(23) 甚だ難しいお願いではありますが、このことの重要性にかんがみて検討のほどよろしくお願いいたします。

↓

解説 「検討」は「御検討」とします。

(24) 以上、今回の審議に当たり、特に検討をお願いしたい点について申し上げましたが、幅広い視野の下に、忌憚のない審議をしてくださるようお願い申し上げまして、私のごあいさつといたします。

↓

解説 「審議」は二か所ありますが、どちらも「御審議」に、「検討」は「御検討」とします。

1－2　高くする敬語(2)への敬語化

次は、「高くする敬語(2)」への敬語化です。

【例1の敬語化】

(1)　敬語コミュニケーションを御専門としていらっしゃる先生に、ぜひ、御講演を頼みたいということで連絡した次第です。

⇩

解説　「頼みたい」は、「お頼みしたい」も形としては可能ですが、あまり使われない表現なので、「お願いしたい」とします。「連絡した」は「御連絡した」あるいはさらに先生を高めた「御連絡申し上げた」とします。

(2) お忙しいところ誠に申し訳ございませんが、先生のお話が聞けることを会員全員が楽しみにしております。

↓

解説 「聞ける」は「お聞きできる」も可能ですが、この場合は、「伺える」(「伺う」の可能形)のほうがよいでしょう。あるいは、「拝聴できる」などとすることもできます。

(3) なお、詳細については、後日改めて研究室に行って、説明をさせていただきます。

↓

解説 「行って」は、「伺って」あるいは「伺い」とします。「説明」は「御説明」となりますが、この「御説明」は「高くする敬語(2)」であり、「私が先生に御説明(する)」ということです。

(4) では、時節柄、お身体を大切になさいますよう祈ります。

⇩

解説 「祈ります」は「お祈りします」、あるいはさらに高めて「お祈り申し上げます」とします。

【例2の敬語化】

(5) 先生、ちょっと頼みたいことがあるんですが、今よろしいでしょうか。

⇩

解説 「頼みたい」は、「お頼みしたい」も形としては可能ですが、あまり使われない表現なので、「お願いしたい」とします。

【例3の敬語化】

(6) お忙しいところ恐縮ですが、いつも親切にご指導くださっている山田先生にぜひ頼めればと思い、メールを送る次第です。

⇩

解説 「頼めれば」は、「お願いできれば」となります。「送る」は「お送りする」とします。【例3】の場合では、「お送り申し上げる」はやや高めすぎになるといえるでしょう。

(7) お手数をかけ申し訳なく思いますが、お書きいただけますでしょうか。

⇩

解説 「かけ」は「おかけし」とします。

(8) 先生のご都合の良いお時間をご指定いただければ、研究室に行きます。

⇩

解説 「行き」は「伺い」となります。

(9) 何卒、よろしく願います。

⇩

解説 「願います」は「お願いします」となりますが、「お願いします」と「お願いいたします」「お願い申し上げます」の違いを簡単に説明すると、「お願いします」に「改まり」を加えたものが「お願いいたします」、「お願いします」をさらに高くしたものが「お願い申し上げます」になるということです。【例3】の場合、「何卒《なにとぞ》」という改まりの言葉を使っているため、「お願いします」ではやや軽くなるので、「お願い申し上げます」とします。

●●敬語化のテクニック●●

一つの文章の中に何度も「お願いします」を使う場合には、同じ表現を避けるため、途中では「お願いいたします」とし、最後に「お願い申し上げます」を用いる、などといった使い分けをすることもあります。

【例4の敬語化】

(10) お客様には大変ご不便、ご迷惑を**かけ**ますことを深く**詫び**ます。

解説 「かけ」「詫び」は、まず「おかけし」「お詫びし」となりますが、「おかけし」「お詫びし」は、改まりの敬語にすると「おかけいたし」「お詫びいたし」となり、「おかけし」「お詫びし」の程度をさらに高めると「おかけ申し上げ」「お詫び申し上げ」となります。

●●敬語化のテクニック●●

一つの文の中で同じ形を繰り返すことを避けるために、例えば、「おかけいたし」「お詫び申し上げ」のように異なる敬語化をするとよいでしょう。「ご迷惑をおかけすることを深くお詫び申し上げます」というような敬語化もあります。

【例5の敬語化】

(11) このたびの諮問を行うに当たり、一言あいさつします。

↓

解説 「ごあいさつします」ではやや軽くなってしまうので、「ごあいさつ申し上げます」とします。

(12) 平成13年に設置されましたこの文化審議会には、これまでに「文化を大切にする社会の構築について」など三つの御答申をおまとめいただいたほか、各分科会においても精力的な御審議が行われていると聞いております。

↓

解説 「聞いて」は「お聞きして」あるいは「伺って」となります。

⒀ 本日の諮問は、この国語分科会のおまとめになった御報告に沿って二つの課題の検討を頼むものであります。

解説 ここでは普通の言葉を「頼む」としましたが、その場合には、「お頼みする」「お頼みしたい」というよりは「お願いする」「お願いしたい」と敬語化したほうがよいでしょう。「お願い申し上げる」「お願い申し上げたい」も可能ですが、やや高めすぎるかもしれません。

⒁ まず初めに、敬語の具体的な指針の作成に関連して言います。

解説 「言い」は「申し上げ」とします。

⒂ 最初に頼みたいことは、現在の社会生活に不可欠な存在である敬語を、現時点で、どのように位置付け、そして、それをどのように将来の社会にまで引き継いでいくのかという観点を

指針作成に当たって大事にしていただきたいということであります。

⇩

(16) すなわち、作成される指針は、現在の人々の言語生活に資するだけでなく、将来の敬語の在り方にも影響を与えるものであるという点を十分に踏まえて、検討を頼みたいということであります。

⇩

解説 (15)、(16)の「頼み」は、「お願いし」にします。

(17) 次に、情報化時代に対応する漢字政策の在り方に関連して言います。

⇩

解説 「言い」は「申し上げ」とします。

(18) 甚だ難しい頼みではありますが、このことの重要性にかんがみて御検討のほどよろしく願います。

解説 「頼み」は「お願い」にします。「願います」は、まず「お願いします」となりますが、「お願いします」は先にも述べたように、「お願いいたします」あるいは「お願い申し上げます」に敬語化することができます。

(19) 以上、今回の御審議に当たり、特に御検討を頼みたい点について言いましたが、幅広い視野の下に、忌憚のない御審議をしてくださるよう願いまして、私のあいさつといたします。

解説 「頼み」は「お願いし」、「言い」は「申し上げ」となります。「願い」は「お願いし」となり、「お願いし」はさらに「お願いいたし」あるいは「お願い申し上げ」とします。「あいさつ」は「ごあいさつ」となります。

第二章　改まりを示す敬語への敬語化

「高くする敬語」への敬語化ができたら、次は「改まりを示す敬語」への敬語化をしていきましょう。

【例1の敬語化】

(1) 先生にはお元気にお過ごしのことと思います。

⇩

解説　「思います」は「存じます」とします。「存じ上げます」とする人もいるようですが、「思います」は「存じます」としたほうがよいでしょう。

(2) 「敬語とコミュニケーション」に関する講演会の開催を企画しました。

↓

解説 「企画しました」は「企画いたしました」とします。

(3) 講演会は、九月中の土曜日を予定していますが、先生の御都合に合わせ調整します。

↓

解説 「予定しています」は「予定しております」に、「調整します」は「調整いたします」とします。

(4) お忙しいところ誠に申し訳ありませんが、先生のお話が伺えることを会員全員が楽しみにしています。

↓

解説 「申し訳ありません」は「申し訳ございません」とします。「しています」は「しております」になります。

(5) 何卒、よろしくお願いします。

解説 「お願いします」は、「お願いいたします」となります。もちろん、「高くする敬語(2)」を使った「お願い申し上げます」も可能です。

【例2の敬語化】

(6) いいえ、特に指定の書式はありません。

解説 「ありません」は「ございません」となります。

(7) それでは、よろしくお願いします。

⇩

解説 「お願いします」は、「お願いいたします」あるいは「お願い申し上げます」とします。

(8) 失礼します。

⇩

解説 「失礼します」は「失礼いたします」とします。

【例3の敬語化】

(9) いつもお世話になっています。

⇩

解説 「なっています」は「なっております」とします。

(10) お引き受けいただけるようでしたら、所定の書類をお渡しします。

⇩

解説 「渡します」が「お渡しします」に、そしてさらに改まりを示すための敬語化をすると「お渡しいたします」となります。

(11) なお、提出締め切りは来月の10日となっています。

⇩

解説 「なっています」は「なっております」とします。

【例4の敬語化】

(12) 本年三月十八日から発売を開始したPカードにつきましては、当初ご用意しましたカードの在庫が僅少となっています。

⇩

解説 「用意しました」が「ご用意しました」に、そして「ご用意いたしました」となります。「なっています」は「なっております」とします。

【例5の敬語化】

(13) 平成13年に設置されましたこの文化審議会には、これまでに「文化を大切にする社会の構築について」など三つの御答申をおまとめいただいたほか、各分科会においても精力的な御審議が行われていると伺っています。

⇩

解説 「伺っています」は「伺っております」となります。（「聞いています」⇩「伺っています」⇩「伺っております」という敬語化になるわけです。）

(14) 文化審議会で御検討いただきます様々な課題は、いずれも我が国の文化の振興にとって重要な事項ですが、とりわけ、国語、すなわち私たち日本人の母語である日本語の問題は、全国民に直接かかわる問題であり、我が国の文化や社会の基盤にもかかわる極めて重要な問題であると考えています。

⇩

解説 「（重要な事項）です」を、改まりを示す敬語にすると「（重要な事項）でございます」となります。「考えています」は「考えております」とします。

(15) 国語の問題に関しては、昨年の2月に「これからの時代に求められる国語力について」の御答申をいただきましたが、その中に述べられている「現在の我が国の状況を考えるとき、今日ほど国語力の向上が強く求められている時代はない。」という御認識は、そのまま今の私の認識でもあります。

⇩

解説「あります」は「ございます」となります。

(16) 国語、言葉の問題は、極めて広範にわたり、多様な問題が存在します。

⇩

解説「存在します」は「存在いたします」となります。

(17) しかしながら、それぞれの問題の緊急性、重要性にはおのずと濃淡があることは言うまでもありません。

⇩

解説「言う」は「申す」とします。ここでは、「高めるべき人に言う」わけではないので「申し上げる」とはなりません。

(18) 今後、御審議を進めていただくに当たり、二つの諮問事項について私の考えているところを若干述べたいと思います。

解説 「述べたい」は、改まりを示す敬語にすると「申し述べたい」となります。なお、「述べさせていただきたい」と言う人も多いようですが、第Ⅰ部で説明したように、自分が述べることを「許可する人」が特にいない場合には「〜（さ）せていただく」は用いないほうがよいでしょう。「思います」は「存じます」とします。

(19) 情報化の急速な進展によってもたらされたこのような社会変化の中で、人々の共通の理念となるような「漢字にかかわる基本的な考え方」を整理し、提示していく必要があるのではないかと感じています。

解説 「感じています」は「感じております」となります。

(20) 端的には、日本の漢字をどのように考えていくのか、この点について、大局的な見地に立った御判断をお示しいただければ大変に有り難いと思います。

↓

解説 「思います」は「存じます」とします。

(21) 以上、今回の御審議に当たり、特に御検討をお願いしたい点について申し上げましたが、幅広い視野の下に、忌憚のない御審議をしてくださるようお願い申し上げまして、私のごあいさつとします。

↓

解説 「します」は「いたします」となります。

第三章　恩恵を表す敬語への敬語化

それでは最後に「恩恵を表す敬語」への敬語化をしていきましょう。

【例1の敬語化】

(1) なお、詳細については、後日改めて研究室に伺い、御説明をさせてもらいます。

↓

解説　「させてもらい」は「させていただき」となります。

【例2の敬語化】

(2) お忙しいところ申し訳ありませんが、書いてもらえますでしょうか。

↓

解説 「書いてもらえ」は「書いていただけ」あるいは「お書きいただけ」となります。

(3) では、書いておきますので、明後日の昼休みに取りに来てくれ。

↓

解説 「来てくれ」（命令）は「来てください」（指示）に、さらに「来てくださいますか」（依頼）になっていきます。恩恵の問題ではなく、また【例2】ではふさわしくありませんが、「来てください」の「来て」をさらに高くすれば、「いらっしゃってください／いらしてください」「お出でください」などとなります。

【例3の敬語化】

(4) お忙しいところ恐縮ですが、いつも親切に指導してくれている山田先生にぜひお願いできればと思い、メールをお送りする次第です。

⇩

解説 「指導してくれている」は「指導してくださっている」あるいは「ご指導くださっている」となります。「ご指導してくださっている」は誤用です。

(5) お手数をおかけし申し訳なく思いますが、書いてもらえますでしょうか。

⇩

解説 「書いてもらえ」は「書いていただけ」あるいは「お書きいただけ」となります。

(6) 引き受けてもらえるようでしたら、所定の書類をお渡しいたします。

⇩

解説 「引き受けてもらえる」は「引き受けていただける」あるいは「お引き受けいただける」となります。

(7) 先生のご都合の良いお時間を指定してもらえれば、研究室に伺います。

⇩

解説 「指定してもらえれば」は「指定していただければ」あるいは「ご指定いただければ」となります。「ご指定していただければ」は誤用です。

【例4の敬語化】

(8) いつも東京○○を利用してもらいましてありがとうございます。

⇩

解説 「利用してもらい」は「利用していただき」あるいは「ご利用いただき」となります。

(9) このため加盟各事業者において四月十二日（木）始発から八月頃まで「Pカード定期券のみの発売」とさせてもらいます。

↓

解説 「させてもらい」は「させていただき」となります。

(10) なお、すでにPカードをお持ちのお客様は、引き続き、「鉄道・バスのご乗車や、駅などでのチャージ、電子マネー加盟店でのお買い物」に利用してもらえます。

↓

解説 「利用してもらえ」は「利用していただけ」あるいは「ご利用いただけ」となります。なお、元々の表現としては「利用できます」だと考えると、可能表現である「利用できます」は、「高くする敬語(1)」によって敬語化すれば「ご利用になれます」となります。

●●敬語化のテクニック●●

「利用できます」⇩「ご利用になれます」という敬語化ではなく、「恩恵を表す敬語」による敬語化は、「利用できます」→「利用してもらえます」⇩「利用していただけます」→「ご利用いただけます」、というようなプロセスによるものだといえます。「相手」が「利用できる」ということを、「自分」が「利用してもらえる」という「恩恵」としての捉え方に切り替えているところに特色があると考えられます。

(11) その他ご不明な点につきましては、担当係員まで尋ねてくれ。

⇩

解説 「尋ねてくれ」は「尋ねてください」、そしてこの場合には「お尋ねください」となります。敬語表現としての説明をすると、「尋ねてください」は一般的な指示の表現、「お尋ねください」は相手を高めるとともに相手に利益をもたらす指示の表現で用いられます。

【例5の敬語化】

⑿ 委員の皆様におかれましては、御多用中にもかかわらず出席してもらいまして誠にありがとうございます。

⇩

解説 「出席してもらい」は「出席していただき」あるいは「御出席いただき」となります。さらには「御出席賜り」などと敬語化することができます。「御出席していただき」は誤用です。

⒀ 平成13年に設置されましたこの文化審議会には、これまでに「文化を大切にする社会の構築について」など三つの御答申をまとめてもらったほか、各分科会においても精力的な御審議が行われていると伺っております。

⇩

解説 「まとめてもらった」は「まとめていただいた」あるいは「おまとめいただいた」となります。

⒁ 文化審議会で検討してもらいます様々な課題は、いずれも我が国の文化の振興にとって重要な事項でございますが、とりわけ、国語、すなわち私たち日本人の母語である日本語の問題は、全国民に直接かかわる問題であり、我が国の文化や社会の基盤にもかかわる極めて重要な問題であると考えております。

⇩

解説 「検討してもらい」は「検討していただき」あるいは「御検討いただき」となります。「御検討していただき」は誤用です。

⒂ 国語の問題に関しては、昨年の2月に「これからの時代に求められる国語力について」の御答申をもらいましたが、その中に述べられている「現在の我が国の状況を考えるとき、今日ほど国語力の向上が強く求められている時代はない。」という御認識は、そのまま今の私の認識でもございます。

⇩

解説 「もらい」は「いただき」となります。

(16) 様々な課題の中からこれらの二つについて提言してもらったことに、私は分科会各委員の御見識の高さを感じた次第であります。

⇩

解説 「提言してもらった」は「提言していただいた」あるいは「御提言いただいた」となります。「御提言していただいた」は誤用です。

(17) 今後、御審議を進めてもらうに当たり、二つの諮問事項について私の考えているところを若干申し述べたいと存じます。

⇩

解説 「進めてもらう」は「進めていただく」あるいは「お進めいただく」となります。

(18) 最初にお願いしたいことは、現在の社会生活に不可欠な存在である敬語を、現時点で、どのように位置付け、そして、それをどのように将来の社会にまで引き継いでいくのかという観点を指針作成に当たって大事にしてもらいたいということであります。

⇩

解説 「してもらいたい」は「していただきたい」となります。

(19) むしろ、大切な文化だからこそ、使いやすく分かりやすい敬語の在り方や使い方を示してもらいたいというのが私の率直な気持ちであります。

⇩

解説 「示してもらいたい」は「示していただきたい」あるいは「お示しいただきたい」となります。

⒇ 端的には、日本の漢字をどのように考えていくのか、この点について、大局的な見地に立った御判断を示してもらえれば大変に有り難いと存じます。

⇩

解説 「示してもらえれば」は「示していただければ」あるいは「お示しいただければ」となります。

(21) 以上、今回の御審議に当たり、特に御検討をお願いしたい点について申し上げましたが、幅広い視野の下に、忌憚のない御審議をしてくれるようお願い申し上げまして、私のごあいさつといたします。

⇩

解説 「してくれる」は「してくださる」、あるいは「してくださいます」となります。

以上、それぞれの敬語化をしてきましたが、いかがでしたか。

最後にもう一度、敬語表現【例1】～【例5】の文章に戻って、全体を確認してみてください。敬語化に慣れて来れば、一々敬語化するのではなく、最初から適切な敬語が出てくるようになるはずです。ただし、敬語化の原理が理解できていれば、なぜそのような敬語になるのかの理解が深まり、応用が利くようになるでしょう。

おわりに

この本で扱ってきたものは、敬語を適切に使いこなすために必要な、敬語そのものの性質や働きに関する基本的な知識や情報、そして、普通の言葉をどのように敬語化するかということでした。そのため、敬意や謙《へりくだ》りなど、敬語を使う人の気持ちの問題については、ほとんど扱いませんでした。

しかし、この本の根本には、敬語化の際には「尊重する心を持つ」ことが重要だという点があることは、強調しておきたいと思います。「尊重する」というのは、「尊敬する」とは少し違います。尊重する対象となるのは、上位者だけではありません。すべての人に対して、その人を尊重する心を持つ、その人を大切にする気持ちを持つということなのです。

この「すべての人」には、「他者」だけではなく、「自己」も含まれます。他者を尊重し、大切に思うのと同時に、自分自身のことも尊重し、大切にする、ということです。他者を尊重する心というのは、上位者に対しても下位者に対しても、親しい人に対しても、親しくない人に対しても、すべての人に対して持つべき心です。そして、自己を尊重する心を持つというのは、自己主張やプライドを持つことではなく、他者を尊重できる主体的な自己を創り上げていくことだといえるでしょう。それによって「相互尊重」という意識も生まれてくるのだと思います。

以上のことを踏まえた上で、この本では、敬語を使いこなすために必要な、「形」に関する実践的なアドバイスをしてきました。他者や自己を尊重しようとする「心」を持ってはいても、それを表すための方法を知らなければ、結局のところ、尊重する心はだれにも伝えられないからです。「心」は自ずと「形」に現れるものだ、という考え方もできますが、それだけに頼っていたのでは、現実の社会でのコミュニケーションにはあまり役に立たないでしょう。

「心」と「形」とをつなぐ、というのは、実はそう簡単にできることではありません。自分の思いは相手にうまく伝わらず、誤解を招いたり、思わぬ非難をされたりすることも少なくないでしょう。心と形を真に連動させることは、至難の業です。だからこそ、敬語を真の意味で使いこなすのは、一生をかけて求め続けることなのだろうと思います。

言葉としての敬語がマスターできた次の段階は、敬語を用いて適切にコミュニケーションをすること、そして本当の意味での敬意をもったコミュニケーションをしていくことでしょう。そのためにどうすればよいのか、それはまた次の本での課題にしたいと思います。

最後になりましたが、編集を御担当くださった黒崎昌行氏・松岡澪氏に御礼申し上げます。

二〇一四年一月

蒲谷　宏

【参考】敬語化一覧表

参考として、よく使われる敬語について一覧できるようにしておきます。

● 「高くする敬語(1)」は、「〜（ら）れる」による敬語化は省略します。

● 「改まりを示す敬語」の中には、「高くする敬語(2)」＋「改まりを示す敬語」（「お会いいたし（ます）」など）もあげておきます。

● 「恩恵を表す敬語」は、「〜てさしあげる」「〜てくださる」「〜ていただく」による敬語化は省略します。

普通の言葉	高くする敬語(1)	高くする敬語(2)	改まりを示す敬語	恩恵を表す敬語
会う	お会いになる	お会いする お目にかかる	お会いいたし（ます）	お会いくださる お会いいただく
あげる	おあげになる			さしあげる
ある	おありになる		ござい（ます）	
言う	おっしゃる	申し上げる	申し（ます）	
行く	いらっしゃる おいでになる	伺う	参り（ます）	おいでくださる おいでいただく
いる	いらっしゃる おいでになる		おり（ます）	おいでくださる おいでいただく
思う	お思いになる		存じ（ます）	お思いくださる お思いいただく
借りる	お借りになる	お借りする 拝借する	お借りいたし（ます） 拝借いたし（ます）	お借りくださる お借りいただく

聞かせる	お聞かせになる	お聞かせする お耳に入れる	お聞かせいたし（ます）	お聞かせくださる お聞かせいただく
聞く	お聞きになる お耳に入る	お聞きする 伺う 拝聴する	お聞きいたし（ます） 拝聴いたし（ます）	お聞きくださる お聞きいただく
着る	召す お召しになる			
来る	いらっしゃる おいでになる 見える お見えになる お越しになる		参り（ます）	おいでくださる お越しくださる おいでいただく お越しいただく
くれる				くださる
死ぬ	お亡くなりになる			

知る 知っている	お知りになる ご存じ（だ）	存じ上げる	存じており（ます）	
住む	お住みになる お住まいになる			お住みくださる お住みいただく
する	なさる		いたし（ます）	
（説明）する	（説明）なさる ご（説明）なさる	ご（説明）する	（説明）いたし（ます）	ご（説明）くださる ご（説明）いただく
すわる	おすわりになる おかけになる			おすわりくださる おすわりいただく おかけくださる おかけいただく
尋ねる	お尋ねになる	お尋ねする 伺う	お尋ねいたし（ます）	お尋ねくださる お尋ねいただく
訪ねる	お訪ねになる	お訪ねする 伺う	お訪ねいたし（ます）	お訪ねくださる お訪ねいただく

食べる	召し上がる	いただく 頂戴する		お食べくださる お食べいただく
寝る	おやすみになる			
飲む	お飲みになる 召し上がる	いただく 頂戴する		お飲みくださる お飲みいただく
（風邪を）ひく	召す お召しになる			
見せる	お見せになる	お見せする お目にかける ご覧に入れる	お見せいたし（ます）	お見せくださる お見せいただく
見る	ご覧になる	拝見する	拝見いたし（ます）	ご覧くださる ご覧いただく
もらう	おもらいになる	頂戴する	頂戴いたし（ます）	いただく
読む	お読みになる	拝読する	拝読いたし（ます）	お読みくださる お読みいただく

参考文献

この本の記述に関連する、筆者の著書を挙げておきます。敬語に関する体系的な知識を学び、敬語表現、敬語コミュニケーションについてさらに深く考えたい人は、ぜひ御参照ください。

蒲谷宏（二〇〇七）『大人の敬語コミュニケーション』（ちくま新書６９４）筑摩書房

蒲谷宏（二〇一三）『待遇コミュニケーション論』大修館書店

蒲谷宏編（二〇〇九）『敬語使い方辞典』新日本法規出版

蒲谷宏・川口義一・坂本惠（一九九八）『敬語表現』大修館書店

蒲谷宏・川口義一・坂本惠・清ルミ・内海美也子（二〇〇六）『敬語表現教育の方法』大修館書店

蒲谷宏・金東奎・高木美嘉（二〇〇九）『敬語表現ハンドブック』大修館書店

蒲谷宏・金東奎・吉川香緒子・高木美嘉・宇都宮陽子（二〇一〇）『敬語コミュニケーション』朝倉書店

【や・ら】

【さ】

【た】

【な】

【は】

【ま】

【か】

索　引

[著者紹介]

蒲谷　宏（かばや　ひろし）
早稲田大学大学院文学研究科博士課程修了。博士（文学）。専門は、日本語学、日本語教育学。現在、早稲田大学大学院日本語教育研究科教授。早稲田大学日本語教育研究センター所長、同大学院日本語教育研究科長、文化審議会国語分科会委員・敬語小委員会副主査、等を務める。
著書に、『大人の敬語コミュニケーション』（2007）筑摩書房、『敬語コミュニケーション』（2010共著）、『日本語教育学序説』（2012共著）以上朝倉書店、『敬語表現』（1998共著）、『敬語表現教育の方法』（2006共著）、『敬語表現ハンドブック』（2009共著）、『待遇コミュニケーション論』（2013）以上大修館書店、等。

敬語《けいご》マスター　——まずはこれだけ　三《みっ》つの基本《きほん》
©Hiroshi Kabaya, 2014
NDC810／vii, 167p／19cm

初版第1刷——2014年3月20日

著者————蒲谷《かばや》　宏《ひろし》
発行者———鈴木一行
発行所———株式会社 大修館書店
〒113-8541 東京都文京区湯島2-1-1
電話03-3868-2651（販売部） 03-3868-2290（編集部）
振替00190-7-40504
[出版情報] http://www.taishukan.co.jp

装丁・イラスト——CCK
印刷所—————広研印刷
製本所—————牧製本

ISBN978-4-469-22235-7　Printed in Japan
Ⓡ本書のコピー、スキャン、デジタル化等の無断複製は著作権法上での例外を除き禁じられています。本書を代行業者等の第三者に依頼してスキャンやデジタル化することは、たとえ個人や家庭内での利用であっても著作権法上認められておりません。